# HERDERBÜCHEREI
## »TEXTE ZUM NACHDENKEN«

### HERAUSGEGEBEN VON
### GERTRUDE UND THOMAS SARTORY

**BAND 1320**

»Texte zum Nachdenken«
In den Büchern der Menschheit ist eine Fülle von Texten zu finden, die das Bewußtsein weiten und verändern, die Seele wandeln. Vorausgesetzt, man liest diese Texte wieder und wieder, läßt sie immer tiefer eindringen in Geist und Herz. Hier trennt nicht die Fremde der Zeit oder die Ferne der Kontinente, denn in tieferen Schichten der Seele sind alle Menschen einander verwandt.

Diese seit Jahren bewährte Reihe der Herderbücherei wurde von Thomas und Gertrude Sartory begründet. Eine Reihe von Dichtern und Denkern, Heiligen und Weisen kamen in ihr bereits zu Wort. In jedem Band wird eine andere Gestalt oder Tradition für Leser von heute erschlossen, jeweils unter einer Fragestellung, die uns in unserer Zeit besonders bewegt. Die schöne Gestaltung eines jeden Bandes lädt zum verweilenden Lesen ein, aber auch zum Verschenken.

Seit dem Tod von Thomas Sartory († 1982) führt Gertrude Sartory als Herausgeberin die Reihe weiter. Dr. iur. can. Gertrude Sartory, 1923 in Hamm geboren, ist freiberuflich als Publizistin tätig.

Ihre Anschrift: 8301 Niederaichbach bei Landshut.

Dieses Buch ist der 53. Band in der Reihe »Texte zum Nachdenken«.

Karima Sen Gupta, 1932 in Hamburg geboren, Studium in Deutsch, Pädagogik, vergleichender Religionswissenschaft; einige Jahre Volksschullehrerin, verheiratet mit einem Inder. Frühes Interesse für die geistigen Traditionen des Ostens brachte sie 1956 in Kontakt mit der Lehre des Sufi-Meisters Hazrat Inayat Khan. Sie lebt heute in der Schweiz und gibt seit sechzehn Jahren die Sufi-Zeitschrift SIFAT heraus. In der Reihe »Texte zum Nachdenken« erschien von ihr »Hazrat Inayat Khan – Vom Glück der Harmonie« (Nr. 724).

Anschrift: Bleimattweg 18, CH-4104 Oberwil.

# HAZRAT INAYAT KHAN

# WANDERER AUF DEM INNEREN PFAD

*Ausgewählt,*
*übersetzt und eingeleitet von*
*Karima Sen Gupta*

HERDERBÜCHEREI

Originalausgabe
erstmals veröffentlicht als Herder-Taschenbuch
Buchumschlag und Illustrationen:
Subhani Koster, Zwolle, Niederlande


Alle Rechte vorbehalten – Printed in Germany
© Verlag Herder Freiburg im Breisgau 1986
Gesetzt in der Times-Antiqua (Digiset)
Herder Freiburg · Basel · Wien
Gesamtherstellung:
Offizin Herder in Freiburg im Breisgau 1986
ISBN 3-451-08320-5

# Inhalt

## Der Sufi-Pfad in unserer Welt

Von jeher war die Vorstellung vom Pfad, vom Wanderer, vom Reisen von großer Bedeutung bei den Frommen und Mystikern aller Religionen. Doch bei den Sufis wurde dieser Gedanke zu einem ihrer tiefsten Symbole für das Leben selbst. Schon die Titel vieler Schriften großer Sufimeister des Mittelalters beziehen sich darauf, wie »Der Pfad der Gottesdiener« von Al Ghazali, »Die Reise zum Herrn der Macht« von Ibn Arabi, »Halteplätze der Reisenden« von Ansari. Von Sufilehrern unserer Zeit gibt es Werke wie »Die Karawane der Träume« von Idries Shah, »The Invisible Way« (Der unsichtbare Weg – deutsch unter dem Titel »Siegel des Derwisch«) von Reshad Feild und manche andere. Durch das ganze Werk Hazrat Inayat Khans zieht sich der Gedanken von der Reise der Seele wie ein roter Faden hindurch. Ebenso erzählen uns viele Sufigeschichten von wandernden Derwischen, die von Ort zu Ort ziehen, ein Leben der Armut führen, lehren und heilen. Die meisten großen Sufimeister waren Jahre hindurch auf der Wanderschaft, indem der äußere und der innere Weg sich zu einer Einheit verbanden. Bei manchen Orden ist die Wanderschaft ihrer Anhänger als Methode zur inneren Entfaltung sogar vorgeschrieben.

Das Leben wird zur Reise der Seele: vom göttlichen Ursprung durch die verschiedenen Erfahrungen hindurch wieder zurück zum Ursprung. Dabei wird diese »Reise« von zwei Aspekten her gesehen. Einmal als das äußere sichtbare Leben von der Geburt bis zum Tod mit allen seinen vielfältigen Eindrücken und Erfahrungen, Freuden und Schmerzen. Zum anderen aber als innere Reise, die darin besteht, daß der Mensch nach dem Sinn zu fragen und zu suchen beginnt. Heute werden immer mehr Menschen gewahr, daß das materialistisch-naturwissenschaftliche Weltbild die Menschheit in eine Sackgasse geführt hat. Die drückenden Probleme unserer Zeit, wie Hunger, Arbeitslosigkeit, Umweltzerstörung und atomare Bedrohung scheinen unlösbar zu sein und lasten schwer auf dem Bewußtsein vieler und lassen sie in Alkoholismus, Drogensucht, Depressionen oder gar Selbstmord flüchten. Mögliche Auswege scheinen nur Flickwerk zu sein. Andere wollen von allen Problemen unserer Zeit nichts wissen, stecken den Kopf in den Sand, leben nur für materielle, äußerliche Werte, bis eine Krise, ein Schicksalsschlag ihre Welt zerbrechen läßt.

Aber es zeigen sich heute überall immer mehr hoffnungsvolle Ansätze zu einer Umkehr zu nichtmateriellen Dimensionen des Lebens. Die Sehnsucht nach einem kreativen und verinnerlichten Leben wächst. Vor allem junge Menschen begeben sich auf die Suche nach neuen Möglichkeiten, nach einem tieferen Sinn des Lebens, nach einem spirituellen Weg. Ein solcher Weg ist der Sufi-Pfad. Es ist ein Pfad der Umkehr der Seele zu Gott und ein Pfad der Liebe. Im Gegensatz zu manchen anderen spirituellen Wegen, die Weltabgewandtheit als Mittel zur Selbstverwirklichung lehren, wollen die Sufis ihre geistigen Ideale inmitten der Welt, in Familie und Beruf leben und verwirklichen. Alle Erfahrungen – gute wie schlechte – dienen ihrer Entwicklung, und sie bejahen sie darum. Gott hat uns und diese Welt nicht geschaffen, damit wir sie verneinen, sondern daß wir das Leben bestehen sollen, uns aber nicht davon gefangen nehmen lassen. Gleichmut und Unabhängigkeit sind zwei wesentliche Schlüsselworte für den Sufi. Das Zentralthema der Sufis ist jedoch die Liebe – die Liebe zu Gott, zum Mitmenschen, zur Natur. Der göttliche Geliebte offenbart sich in unendlichen Formen in der ganzen Schöpfung. Darum darf der Mensch sich an allem erfreuen, die Überfülle der göttlichen Gaben dankbar genießen, aber gleichzeitig soll er dem Irdischen, Vergänglichen nicht verhaftet sein. Die Liebe zu Gott können wir aber nur in der Liebe zum Mitmenschen verwirklichen. Hazrat Inayat Khan sagt: »Das Herz des Menschen ist ein Tempel, wenn sein Tor den Mitmenschen verschlossen ist, dann ist es auch Gott verschlossen.« Der spanische Sufi-Mystiker Ibn Arabi aus dem 13. Jahrhundert drückt den gleichen Gedanken mit folgenden Worten aus: »Mein Herz ist offen für jede Form; es ist eine Weide für Gazellen, ein Kloster für christliche Mönche, ein Götzentempel, die Kaaba des Pilgers, die Tafeln der Thora und das Buch des Koran. Ich übe die Religion der Liebe; in welche Richtung immer ihre Karawane zieht, die Religion der Liebe wird meine Religion und mein Glaube sein.«

Doch wie gelangen wir nun auf den Sufi-Weg? Das Wort »Weg« steckt in dem Wort »bewegen«. Wir müssen uns bewegen. Auf einem Weg bewegen wir uns immer auf ein Ziel zu, denn wenn wir darauf stehen bleiben, verliert er seinen Sinn. Wir müssen also den Weg suchen und ihn dann gehen – jeder seinen eigenen. Es gibt so viele Wege zu Gott, wie es Menschen gibt. Der Weg zum Ziel ist so wunderbar, freuen wir uns an der Reise Schritt für Schritt!

Wenn wir Yoga-Übungen vielleicht noch aus Büchern lernen können, so ist der Sufi-Weg nur unter der Führung eines erfahrenen Lehrers möglich. Der Lehrer – Murschid, Pir oder Sheikh genannt – weiht den Schüler, Murid, nach einer gewissen Zeit der Prüfung ein und gibt ihm Übungen, die für seine persönliche Entwicklung geeignet sind. Sie sind für jeden Schüler individuell verschieden. Der Murschid betrachtet sich selbst als den demütigsten Diener Gottes, als einen Wegweiser, der den Schüler ein Stück des Weges begleiten kann, der aber niemals zwischen dem Schüler und Gott stehen darf. Im Orient heißt es: Wenn der Schüler bereit ist, dann ist der Lehrer da. Die Beziehung zwischen Murschid und Murid ist die tiefste Bindung, die innigste Freundschaft, die zwischen Menschen möglich ist. Mit der Einweihung beginnt für den ernsthaften Murid ein tiefgreifender Entwicklungsprozeß, der sein ganzes Leben schließlich umwandelt. Er lernt sein Ego – bei den Sufis nafs genannt – zu überwinden. Dies ist der schwierigste Teil der Sufischulung, denn das Ego präsentiert sich nicht nur in materiellen Dingen, sondern auf viel subtilere Art im gefühlsmäßigen und geistigen Bereich. Dabei prüft der Meister den Schüler immer wieder auf verschiedenste Art, damit dieser die Fallen des

Ego erkennt und so lernt, seine Vorurteile zu überwinden, Toleranz zu üben – da, wo es ihm schwerfällt, sich zu konzentrieren und das Wesentliche vom Unwesentlichen zu unterscheiden. Vor allem aber lernt er, sich selbst und damit den Mitmenschen zu erkennen und zu verstehen. Für viele ist die Sufischulung zunächst eine Lebenshilfe; denn wir sind nicht bereit und offen für spirituelle Erkenntnisse, ehe wir nicht unsere Alltagsprobleme gelöst haben.

Hazrat Inayat Khan sagt aber auch: »Du brauchst nach einem Heiligen, einem Meister nicht zu suchen, ein weiser Mensch genügt dir zur Führung auf dem Pfad.« Wenn wir offen werden für die innere Führung kann schließlich jeder Mensch in irgendeiner Weise uns zum Lehrer werden.

Dieser Inder Pir-o-Murshid Hazrat Inayat Khan war der erste Sufi-Meister, der diese Lehren in den heutigen Westen brachte. Er wurde am 5. Juli 1882 in Baroda geboren. Musik und Mystik waren väterlicher- wie mütterlicherseits sein Erbe. Sein Großvater Moula Baksh entwickelte das erste indische Notensystem und gründete die königliche Musikakademie Gayanshala in Baroda, die Ende des vorigen Jahrhunderts zur führenden Musikschule Indiens wurde. Sein Haus wurde zum Treffpunkt nicht nur berühmter Musiker, sondern auch der Dichter, Philosophen und Mystiker verschiedenster Herkunft. In dieser Atmosphäre wuchs der junge Inayat auf. Großen Einfluß hatte sein Großvater auf seine Erziehung. So pflegte er ihn jeden Morgen zu wecken und den Vormittag mit ihm zu verbringen. Inayat zeigte bereits als Kind ein ungewöhnliches Interesse für Religion. Oft besuchte er Yogis und Derwische, um ihnen still zuzuhören. Er wuchs als Muslim auf und pflegte die vorgeschriebenen Gebete auf dem Dach des Hauses zu verrichten. Eines Abends kam ihm der Gedanke, daß er noch nie eine Antwort von Gott bekommen habe und nicht wisse, wo Gott sei. Er lief zu seinem Großvater und sagte: »Ich will nicht mehr beten; es scheint mir nicht vernünftig, zu einem Gott zu beten, den man nicht kennt.« Moula Baksh lächelte und erklärte ihm: »Die Zeichen Gottes können in der Welt gesehen werden, und die Welt wird in dir selbst gesehen.« Diese Worte berührten Inayat tief und waren der erste Anlaß für ihn, Gott überall zu suchen, in der Welt, in seinen Mitmenschen, in sich selbst. Der Tod von Moula Baksh im Jahre 1896 war für Inayat, der in dessen liebevoller Fürsorge und Obhut aufgewachsen war, ein schwerer Schlag. Sein Vater nahm ihn auf eine Reise nach Nepal mit. In der Einsamkeit der Berge um Katmandu begegnete er auf einem Ritt einem Mahatma (»Große Seele«) an einem fast unzugänglichen Ort. Inayat fühlte sich von der Atmosphäre des Friedens und der Stille angezogen, kam näher und sang für den Heiligen. Ein segnender Blick des Mahatmas enthüllte ihm das innere Geheimnis der Musik als Belohnung.

Mit 18 Jahren war er bereits ein fähiger Musiker und war überzeugt von der mystischen Aufgabe seiner Musik. Er begab sich auf Reisen durch ganz Indien. Wohin er kam, hatte er einen fast unglaublichen Erfolg und wurde mit Auszeichnungen überhäuft. Besondere Gunst erwies ihm der Nizam von Hyderabad, der – selbst ein Mystiker – von Inayats Musik zutiefst berührt wurde. Doch langsam begann sich in Inayat eine Wandlung zu vollziehen. In langen Nachtwachen meditierte er, und während dieser Meditationen erblickte er immer wieder das Antlitz eines Weisen. Er spürte, daß es ein Ruf für ihn war, einen geistigen Führer zu suchen. Aber jeder Meister oder Murschid, dem er begegnete, lehnte es bescheiden ab, sein geistiger Führer zu werden. Nach Monaten der Vorbereitung besuchte er einen alten, verehrten Freund. Hier durfte er seinem Murschid Abu Hashim Madani begegnen – das Antlitz, das er in seinen Visionen erblickt hatte. Als er sich ihm nach indischer Sitte zu Füßen warf, hob ihn der Murschid auf mit den Worten: »Ich habe so lange auf dich gewartet.« Sofort weihte er ihn ein. Die geistige Verbindung zwischen Lehrer und Schüler wurde immer inniger und tiefer, und Inayat verbrachte die meiste Zeit bei seinem Meister; er lernte, die innere Seite des Lebens zu erkennen und tauchte ein in das Meer göttlicher Weisheit. Vor seinem Tode bestimmte sein Murschid Inayat zu seinem Nachfolger und trug ihm auf, in den Westen zu gehen, um dort die Weisheit des Sufismus zu verbreiten, denn dies sei seine Bestimmung.

Nach dem Hinscheiden seines geliebten Meisters verlor Inayat das Interesse am höfischen Leben und begab sich auf eine lange Pilgerfahrt durch ganz Indien, um den heiligen Menschen seiner Heimat zu begegnen, ehe er an die Erfüllung seiner Aufgabe ging. 1910 machte er sich dann mit seinem Bruder Maheboob Khan und seinem Cousin Mohammed Ali Khan auf, um nach Amerika zu reisen. Der Beginn war sehr schwierig, denn der Unterschied zwischen dem Leben in Indien und in den USA stellte die Brüder vor große Probleme. Ihre Musik wurde nicht verstanden. Erst nach einiger Zeit interessierten sich einzelne Menschen für ihre Musik wie auch für die geistigen Ideen, die Inayat Khan lehrte, und wurden seine Anhänger.

Inayat Khan reiste mit seinen Brüdern, zu denen sich inzwischen auch der jüngste, Moulamia Musharaff Khan, gesellt hatte, weiter nach England und Frankreich, wo er mehr Verständnis und Unterstützung fand. Seine ersten Bücher erschienen, und erste Muridgruppen entstanden. Doch bald unterbrach der erste Weltkrieg seine Arbeit. Er verbrachte ihn in London, wo er sich während dieser Jahre nur wenig betätigen konnte. Bald nach dem Kriege ließ er sich mit seiner Familie in Frankreich nieder, wo eine treu ergebene Murid ihm ihr Haus in Suresnes bei Paris als Wohnsitz schenkte. Von hier aus unternahm er zahlreiche Reisen in Europa und nach Amerika, auf denen er Vorträge hielt, Besucher empfing und seine Botschaft vermittelte. Die Zahl seiner Anhänger vermehrte sich rasch; im Jahre 1922 veranstaltete er seine erste Sommerschule, der jährlich weitere folgten, zu denen immer mehr Menschen aus aller Welt kamen, um sich von Murschid Inayat Khans Botschaft von Liebe, Harmonie und Schönheit inspirieren zu lassen und ihr zu folgen. Sein Werk blühte auf, er schuf die Organisation der »Sufi-Bewegung«, um damit »der Seele der Weisheit eine äußere Form zu geben«. Es entstand ein umfangreiches Werk an Schriften, teils aus mitgeschriebenen Vorträgen, teils von ihm direkt diktiert. Er drückte sich in einer schlichten Sprache aus, die immer mehr enthüllt, je tiefer man nachdenkend in sie eindringt. Als echter Orientale schmückte er seine Lehren nach alter Sufitradition mit anschaulichen Bildern und Geschichten, einem jeden verständlich. Oft hat man beim Lesen das Empfinden: das habe ich doch schon immer gewußt; denn er vermag die in unserem Innern verborgene Sehnsucht auszudrücken und bewußt zu machen.

Die Sommerschule des Jahres 1926 bildete den Höhepunkt seines Wirkens. Am 13. September, dem Jahrestag seiner Abreise aus Indien im Jahre 1910, verbrachte er den letzten Tag mit seinen Murids und legte in einem feierlichen Akt den Grundstein für einen künftigen Sufi-Tempel, das Universel. Bald darauf kehrte er in seine geliebte Heimat zurück, die er seit 1910 nicht mehr gesehen hatte. Er hoffte dort die Ruhe und Zurückgezogenheit zu finden, um sich von den Anstrengungen der letzten Jahre zu erholen, die ihn physisch erschöpft hatten. Doch für ihn war die Zeit gekommen, seine irdische Aufgabe war erfüllt. Am 5. Februar 1927 starb Pir-o-Murschid Hazrat Inayat Khan in Delhi. Die Nachfolge übernahmen nacheinander seine Brüder und Nachkommen bis heute. Die Sufi-Botschaft hat sich auch nach seinem Tode durch die hingebungsvolle Arbeit seiner Schüler weiter verbreitet. Heute gibt es in vielen Ländern Gruppen seiner Anhänger.

Das vorliegende Bändchen bietet eine Auswahl aus seinem umfangreichen Werk, das inzwischen in einer dreizehnbändigen Gesamtausgabe erschienen ist.

Die ausgewählten Abschnitte liegen mit einzelnen Ausnahmen zum ersten Mal in deutscher Sprache vor. Sie sind anders zusammengestellt als in den Werken von Hazrat Inayat Khan, können so aber den Grundgedanken vom geistigen Pfad seiner Sufi-Botschaft darlegen.

Meine Arbeit für diese kleine Anthologie möchte ich in tiefer Dankbarkeit meiner lieben, verehrten Wahlmutter Ida Ehre widmen, die mich als erste, ohne es zu wissen, auf den geistigen Pfad geführt hat.

# VON DER REISE

*Der ganze Lebenslauf ist eine Reise*
*von der Unvollkommenheit*
*zur Vollkommenheit.*
*258*

| | |
|---|---|
| Warum | habe ich zwei Augen, wenn nicht, |
| um | Dein strahlendes Bild zu erschauen? |
| Warum | habe ich zwei Ohren, wenn nicht, |
| um | Dein sanftes Flüstern zu vernehmen? |
| Warum | ward mir Geruchssinn verliehen, wenn nicht, |
| um | den Duft Deines Geistes zu atmen? |
| Warum | habe ich zwei Lippen, Geliebter, wenn nicht, |
| um | Dein schönes Antlitz zu küssen? |
| Warum | habe ich zwei Hände, wenn nicht, |
| um | für Deine heilige Sache zu wirken? |
| Warum | habe ich zwei Füße, wenn nicht, |
| um | auf Deinem geistigen Pfad zu wandeln? |
| Warum | habe ich eine Stimme, wenn nicht, |
| um | Dein himmlisches Lied zu singen? |
| Warum | habe ich ein Herz, Geliebter, wenn nicht, |
| um | es zu Deiner heiligen Wohnstatt zu machen? |

859

Das Wort ›Reise‹ kann mit dem Leben in Verbindung gebracht werden. Denn wir können ›Leben‹ von zwei Aspekten her betrachten und es darum entweder Reise oder Ziel nennen.

Warum sollten wir das Leben als eine Reise betrachten? – Weil es den Wandel in der Natur und den Wandel in den Erfahrungen gibt. Wir gehen von einer Erfahrung zur anderen; dies ist auch die Bedeutung des Wortes Reise: von einem Ort zu einem anderen gehen, von einer Erfahrung zur anderen. Das ganze äußere Leben ist nichts anderes als eine Folge von Erfahrungen, eine nach der andern, Tag und Nacht. Darum können wir es als Reise bezeichnen.

Doch gibt es noch einen anderen Aspekt des Lebens, aus dem dieses Leben des Wandels hervorgegangen ist. Jenes Leben ist unveränderlich, ist ewig. Es ist das Leben, zu dem alles zurückkehrt. Jenes Leben ist das Ziel. Das Ziel ist der beständige Teil des Lebens, der Ursprung des Lebens; das offenbare Leben, Schöpfung genannt, ist die Reise. *VII/204*

DAS INNERE Leben gleicht einer Reise – ehe wir zu ihr aufbrechen, sind gewisse Vorbereitungen notwendig. Wenn wir nicht vorbereitet sind, besteht immer ein Risiko, zurückkehren zu müssen, ehe wir unser Ziel erreicht haben. Wenn wir auf eine Reise gehen und bestimmte Ziele erreichen wollen, müssen wir wissen, was wir für die Reise brauchen, welche Dinge wir mitnehmen müssen, damit unsere Reise angenehm wird, und wie wir alles vollbringen können, wozu wir aufgebrochen sind. Die Reise des inneren Lebens ist so lang wie die Entfernung zwischen Geburt und Tod. Es ist die längste Reise, die wir während des Lebens unternehmen können. Es muß alles wohl vorbereitet sein, damit wir nicht zurückkehren müssen, nachdem wir schon eine gewisse Entfernung zurückgelegt haben.

*I / 65*

JEDE SEELE hat ihren eigenen Lebensweg, wenn du dem Weg eines anderen folgen möchtest, mußt du dir seine Augen borgen, um ihn zu sehen.

*260*

DIE ERSTE Bedingung dieser Reise ist das Beachten der Bedürfnisse auf dem Weg. Wenn wir einen langen Weg gehen wollen, geben wir alle überflüssige Last auf. Wir müssen viele Dinge im Leben aufgeben, ehe wir auf die Reise gehen. Oft machen wir uns das Leben unbewußt schwer. Äußerlich mag es nicht schwierig erscheinen, aber sobald wir die innere Reise beginnen, wird es uns bewußt, wie schwierig es ist, eine schwere Last zu tragen. Wenn wir zu Fuß reisen, hat jede kleine Verantwortung, die wir übernommen haben, jede Gewohnheit des täglichen Lebens ihr Gewicht. Wir sind abhängig geworden von immer mehr Komfort, intolerant gegenüber unserer Umgebung, empfindlich für störende Einflüsse. Anstatt stärker zu werden, wurden wir täglich schwächer, so daß es sehr schwer für uns wird, wenn wir Schwierigkeiten auf der Reise zu bestehen haben werden.

*VI / 161*

WIR ALLE sind auf der Reise, denn das Leben selbst ist die Reise. Niemand kann sich hier auf Dauer niederlassen, wir sind alle Vorübergehende. Darum ist es auch nicht wahr, wenn wir meinen, daß wir unser festes Leben aufgeben müssen, um auf die *geistige* Reise zu gehen. Es gibt niemanden, der ein beständiges Leben führt; alle sind unstet, alle sind auf ihrem Pfad.

Nur, wenn wir die geistige Reise beginnen, schlagen wir einen anderen Pfad ein – einen, der leichter, besser und angenehmer ist. Wer diesen (geistigen) Pfad nicht geht, wird schließlich auch zum Ziel gelangen – der Unterschied liegt im Pfad. Der eine ist leichter, besser, angenehmer, der andere ist voller Schwierigkeiten. Da es im Leben kein Ende nimmt mit den Schwierigkeiten von dem Augenblick an, an dem wir die Augen auf Erden geöffnet haben, so können wir genauso gut den angenehmeren Weg wählen, um zu dem Ziel zu gelangen, das schließlich alle Seelen erreichen werden. *I/67*

WAS IST das für eine Reise, die die Seele vom Ursprung zur Manifestation und von der Manifestation wieder zurück zum Ursprung, der ihr Ziel ist, unternimmt? Ist es eine Reise oder ist es keine Reise? – Objektiv ist es keine Reise. Es ist ein Wechsel der Erfahrungen, die die Geschichte bilden. Und doch wird eine ganze Geschichte in wechselnden Bildern wie auf einen einzigen Film produziert, der auch nicht Meilen um Meilen reist, wie wir es auf der Leinwand sehen.                    *Soul / 177*

Es GIBT Menschen, die mit offenen Augen reisen. Es sind diejenigen, die alle Schönheit auf dem Weg erblicken, die sich an der Reise freuen und die Wunder des Reisens schätzen. Jeder Schritt vorwärts bietet ihnen eine neue Erfahrung, eine größere Freude, einen besonderen Segen. Sie erleben den Tanz der Seele. Den Tanz der Seele können wir nur verstehen, wenn wir das Wasser in einem Tank beobachten und das fließende Wasser eines Flusses. Im Tank ist das Wasser abgestanden, tot; auf die gleiche Weise kann ein Mensch teilnahmslos, schwerfällig, deprimiert sein. Das Wasser des fließenden Stromes tanzt in jedem Augenblick. Die tanzende Seele zieht alles an wie ein fließendes Wasser und bereitet allen Freude und Befriedigung, die sie sehen können.     *VII / 242*

Es GIBT in Wahrheit zwei Reisen: die Reise vom Ursprung zum Leben in der Welt und die Reise vom Leben in der Welt zurück zum Ursprung. So wie es natürlich ist, aus dem ewigen Ursprung hinauszugehen, so ist es notwendig, vom sich wandelnden Leben zum unwandelbaren zurückzukehren.

Was ist nun wünschenswerter im Leben – nach Ursprung und Ziel zu suchen oder zu Hause zu sein im sich wandelnden Leben? Die Antwort lautet, daß das Verlangen eines jeden Menschen seiner Entwicklung entspricht. Wofür er bereit ist, danach verlangt er. Jede Stufe im Leben hat die ihr eigenen angemessenen Wünsche. Der Wunsch nach einem Ziel muß zuerst da sein, ehe wir es erreichen können. Wenn wir einen Wunsch nicht verspüren, ist es nicht notwendig, ihn zu befriedigen.

Alle Dinge haben ihren Wert, wenn wir sie uns wünschen. Nur dann können wir sie schätzen und sind glücklich, sie zu besitzen. Dinge, die wir nicht kennen und uns nicht wünschen, deren bedürfen wir nicht. *VII / 204*

Die Seele ist immer auf der Reise, auf welcher Ebene sie sich auch befindet. Auf dieser Reise hat sie ein Ziel zu verwirklichen, und viele Ziele sind in dem einen Ziel enthalten und verborgen. Es gibt Aufgaben, die während der irdischen Lebenszeit nicht erfüllt werden. Sie werden auf der weiteren Reise in der geistigen Welt erfüllt werden, denn kein Verlangen des menschlichen Herzens bleibt unerfüllt. Wenn etwas hier nicht erfüllt werden kann, wird es im Jenseits erlangt werden. Die Sehnsucht der Seele ist ein Wunsch Gottes, sei er klein oder groß, recht oder unrecht, er hat seinen Augenblick der Erfüllung.

*Soul / 150*

FÜR DIE Seele gibt es keine Geburt, keinen Tod, keinen Beginn, kein Ende. Sünde kann sie nicht berühren, noch kann Tugend sie erheben. Weder kann die Weisheit sie erleuchten, noch die Unwissenheit sie verdüstern. Sie war immer und wird immer sein. Sie ist das innerste Wesen des Menschen, alles übrige ist nur eine Hülle, wie ein Lampenschirm über dem Licht.

Die Seele entfaltet sich durch ihre eigene Kraft, bis sie schließlich die Bindungen der niederen Ebenen durchbricht. Sie ist von Natur aus frei und sucht nach der Freiheit während ihrer Gefangenschaft. Alle Heiligen der Welt wurden heilig, indem sie ihre Seele befreiten, denn Freiheit ist das einzige Ziel, das es im Leben gibt.

*V / 237*

JEDER SCHRITT vorwärts bringt uns ein gewisses Maß an Freiheit im Handeln. Und schreiten wir weiter und weiter auf dem Pfad der Wahrheit, so gelangen wir bei jedem Schritt zu immer größerer Freiheit.

*1527*

O Gott, Du bist so groß,
Du bist so wundervoll,
Deine Vergebung ist ein Regen voll Gnade,
und Deine Barmherzigkeit übersteigt
die menschliche Vorstellungskraft.
Darum flehe ich Dich an,
mach mich niemals frei von Sünden,
denn dann würde ich den wunderbaren Segen
Deiner Gnade und Vergebung entbehren.     *ungedruckt*

# KINDER VOR GOTT

*Wie ein Kind beim Gehenlernen*
*tausendmal fällt,*
*bevor es stehen kann,*
*und danach wieder und wieder fällt,*
*ehe es gehen kann,*
*genau so sind wir*
*wie kleine Kinder vor Gott.*

7. November

WENN DIE Seele in die physische Welt kommt, empfängt sie eine Gabe vom ganzen Universum. Diese Gabe ist der Körper, in dem sie wirken wird. Nicht nur die Eltern schaffen ihn, sondern die Vorfahren, das Volk, in dem die Seele geboren wird, und die ganze Menschheit. Dieser Körper ist jedoch nicht nur eine Gabe der Menschheit, sondern die ganze Erde hat durch die Zeitalter hindurch daran gewirkt: ein Lehm, der Tausende von Malen geknetet wurde; ein Lehm, der so vorbereitet wurde, daß er in jeder Entwicklung intelligenter, strahlender, lebendiger wurde; ein Lehm, der zuerst im Mineralreich war, sich dann zum Pflanzenreich entwickelte, im Tierreich erschien und im Erschaffen jenes Körpers vollendet wurde, der der menschlichen Seele geschenkt wird. *Soul/74*

DER MENSCH weist in seinem Leben die Spuren aller Zustände auf, durch die der Lehm seines Körpers hindurchgegangen ist. Gewisse Atome seines Körpers entsprechen dem Mineralreich, dem Pflanzenreich, dem Tierreich; alle sind in ihm vorhanden. Nicht nur sein Körper, auch sein Bewußtsein reflektiert alle Reiche, durch die er hindurchgegangen ist, denn das Bewußtsein ist der Mittler zwischen Himmel und Erde. Der Mensch erfährt den Himmel, wenn er sich seiner Seele bewußt ist. Er erfährt die Erde, wenn er sich seines Körpers bewußt ist.

Wenn wir fragen: »Was ist denn das Menschliche in ihm?« – lautet die Antwort: alles zusammen, alle Attribute der Erde und des Himmels. Die Stille, Härte und Stärke der Steine, die Fruchtbarkeit und Nützlichkeit der Pflanzen, die Kampfbereitschaft und die Zuneigung der Tiere, der Erfindergeist, der künstlerische, dichterische, musikalische Genius der Dschinnsphäre *, die Schönheit und Erleuchtung, die Liebe und der Frieden der Engelssphäre – alles dies zusammen bildet den Menschen. Weil die menschliche Seele aus allem besteht, ist sie der Höhepunkt, für den die ganze Schöpfung erschaffen wurde.

*Soul / 88–89*

---

\* Dschinn = Geistwesen.

FURCHT IST ein Schatten, der das Licht der Seele verdunkelt. Woher kommt dieser Schatten? – Der Schatten entsteht aus Dingen, die die Seele nicht kennt, die ihr fremd sind. Wenn du jemanden nahe ans Wasser mitnimmst, der nicht schwimmen kann, der mit dem Wasser nicht vertraut ist, so fühlt er sich unbehaglich, er fürchtet sich. Ein anderer Mensch kennt seine Kraft über das Wasser und fürchtet sich nicht, weil er schwimmen kann. Furcht entsteht aus Unwissenheit. So wie fast jeder sich fürchtet, in einen dunklen, unbekannten Raum zu gehen, so fürchtet sich die Seele natürlicherweise, wenn sie diesen Körper aus Lehm betritt. *Soul / 47*

WENN DIE Seele auf der Erde geboren wird, ist ihr erster Ausdruck ein Schrei. Warum schreit sie? – Weil sie sich an einem neuen Ort findet, an dem ihr alles fremd ist. Sie findet sich in Gefangenschaft, die sie zuvor nicht erfahren hat. Jeder Mensch, jeder Gegenstand ist neu und der Seele fremd. Aber dieser Zustand geht bald vorüber. Die Sinne des Kindes werden bald vertraut mit dem äußeren Leben, das beständig seine Aufmerksamkeit anzieht. Es beginnt zu atmen und hört Geräusche, es sieht Gegenstände vor sich und möchte sie berühren und schmecken. Je vertrauter die Seele mit der physischen Welt wird, desto interessanter wird sie. Doch manchmal hat sie Heimweh, das sich im unbegründeten Weinen des Säuglings zeigen kann. Er weint nicht nur aus Hunger oder wegen Unwohlseins. Er weint oftmals aus dem Gefühl heraus, daß er einen Ort verlassen mußte, der angenehmer war, und in ein Land gekommen ist, von dem er so wenig weiß. *I / 133*

OHNE ZWEIFEL verlangt es viel Geduld, um für ein Kleinkind zu sorgen. Aber diese Geduld ist niemals verschwendet; Geduld ist ein Werdeprozeß, der die Seele kostbar werden läßt. Seelen, die über die Begrenzung, die Falschheit der Welt hinausgewachsen sind, vermochten es, weil sie Geduld gelernt hatten. Es ist die Bestimmung der Mutter, Geduld zu lernen. Sie muß wissen, daß sie dabei nichts verliert, sondern etwas für ihr eigenes Leben gewinnt. Für ein Kleinkind da zu sein, dafür zu sorgen, es zu erziehen, ist eine genau so wertvolle Arbeit, wie die eines geistigen Schülers. Der geistige Schüler vergißt sich selbst in der Meditation – eine Mutter vergißt sich selbst in der Sorge für ihr Kind.

*III / 31*

DAS HERZ, das nicht vom lieblichen Lächeln eines Kleinkindes berührt wird, schläft noch.

*930*

Einst stritten zwei kleine Mädchen miteinander. Das eine sagte: »Meine Mutter ist besser als deine.« Doch das zweite Mädchen antwortete: »Nein, meine Mutter ist besser als deine.« Sie konnten sich nicht einigen und wurden schließlich immer mehr uneins. Da kam jemand vorbei und sagte zu ihnen: »Es ist nicht deine Mutter oder deine oder eure. Es ist *die* Mutter, die immer am besten ist. Es ist die Art der Mutter, ihre Liebe und Fürsorge für ihre Kinder.«

Dies ist der Standpunkt des Mystikers in bezug auf das göttliche Ideal. *X / 16*

DIE WEISHEIT der Natur ist vollkommen. Es gibt für den nachdenklichen Menschen keinen besseren Ausdruck für die göttliche Weisheit als ein Kind in seinen frühen Lebensjahren. Wenn die Sinne eines Kleinkinds so entwickelt wären wie die eines Erwachsenen, würde es seinen Verstand verlieren von dem plötzlichen Druck der physischen Welt, der es befällt. Seine empfindlichen Sinne wären nicht fähig, dem Druck so vieler verschiedener und intensiver Erfahrungen standzuhalten. Wie wunderbar wirkt die Weisheit dahinter – jene Weisheit, die offenbar wird als die göttliche Vorsehung, als Vater, Mutter, Schöpfer und Erhalter –, die die Sinne des Kindes sich allmählich entwickeln läßt, je mehr es mit der Welt vertraut wird. Je mehr es lernt, desto weiter dehnt sich sein Bewußtsein aus. Und es kann nicht mehr lernen, als sein Bewußtsein aufnehmen kann.     *I/134*

GIBT ES im Leben eines Kleinkinds einen Platz für Religion? – Während dieser Zeit ist die beste Gelegenheit, um die Saat der Religion zu säen. Und auf welche Weise sollte man ein Kind Religion lehren? – Das Gottesideal, das alle Propheten und Lehrer seit altersher gelehrt haben, wird sich immer als die beste Art erweisen, um einem Kind die Vorstellung von Gott zu geben: Gott ist Güte, Gott ist Mitleid, Gott ist Liebe, Gott ist Schönheit. Wenn im Kind irgendeine spirituelle Neigung vorhanden ist, zeigt sie sich schon im Alter von fünf Jahren. Es scheint, da die Liebe zum Gebet, die Liebe für ein Gottesideal, das Empfinden für etwas Heiliges bereits da ist, daß das Kind damit geboren wurde.   *III / 38*

EINE KINDERSCHWESTER kam einmal zu mir und sagte: »Dieses Kind hat wunderbare Fragen, aber ich kann sie nicht beantworten.« – »Was sind es für Fragen?« Sie sagte: »Beim Abendgebet fragte es mich: ›Wenn Gott oben im Himmel ist, warum muß ich mich dann zur Erde beugen?‹ Die Kinderschwester war sehr verwirrt, weil sie keine Antwort wußte. Aber wenn das Kind keine Antwort bekäme, wäre sein Glaube gestört, weil die Seele in jener Zeit beginnt, nach dem Leben und seinen Geheimnissen zu fragen. Ich ging zu dem Kind und ließ mir seine Fragen erklären. Darauf antwortete ich ihm: »Ja, Gott ist im Himmel, aber wo sind seine Füße? – Auf der Erde. Wenn du dich zur Erde beugst, berührst du seine Füße.« Mit dieser Erklärung war es ganz zufrieden.

*III / 39*

WENN WIR unser heutiges Leben betrachten, sehen wir, daß den meisten Menschen das Gefühl für Dankbarkeit fehlt. Wenn Kinder aufwachsen, ohne das Empfinden der Dankbarkeit in sich zu entwickeln, können sie oft nicht verstehen, was ihre Eltern für sie tun, ihre Lehrer oder andere ältere Menschen. Wenn sie aufwachsen, ohne Dankbarkeit empfinden zu können, dann entwickelt sich der egoistische Aspekt in ihrem Wesen und kann schließlich zu einer Bedrohung werden. Ein Knabe, der in seiner Kindheit es nicht zu schätzen gelernt hat, was seine Mutter für ihn tat, kann nicht lernen, zartfühlend und freundlich mit seiner Frau umzugehen. Alles, was in unserer Natur angelegt ist, muß entwickelt werden, um zur Vollendung zu gelangen. Von Kindheit an ist eine Tendenz zur Selbstbehauptung im Menschen. Im Wesen des Kindes ist das ›Ich‹ am meisten betont, und zu allem, was es besitzt, sagt es ›mein‹. Wenn diese Haltung unverändert fortbesteht, wird der heranwachsende Mensch hart zu seiner Umgebung. Dieses ›Ich‹ und ›mein‹ verursacht viele Schwierigkeiten. X/142

DAS VERLANGEN nach Wissen findet sich bei allen Lebewesen, von der niederen Schöpfung bis zu den Menschen. Wenn wir das Leben der Tiere und Vögel im Wald beobachten, sehen wir, daß sie neben der Nahrungssuche, dem Spiel- und Schutzverhalten an allen Eindrücken interessiert sind, die sie durch ihre Sinne aufnehmen. Geräusch, Farbe, Berührung, Geruch – jeder Eindruck hat eine Wirkung auf sie. Wir können in den Tieren das natürliche Verlangen aufspüren, etwas zu wissen. In der menschlichen Entwicklung erkennen wir dieses Verlangen als Neugier. In der Kindheit scheint es vorherrschend zu sein, und je neugieriger ein Kind ist, desto vielversprechender ist es. Unter Erwachsenen beeindruckt uns am meisten eine herausragende Intelligenz neben anderen guten Eigenschaften ihrer Persönlichkeit. Wenn die Intelligenz so wichtig im Leben ist, muß sie auch für ein wichtiges Ziel bestimmt sein. Was ist dieses Ziel? – Es ist das Wissen um die höchste Wahrheit, in dem der Sinn des Lebens erfüllt wird.                    *I / 198*

BETRACHTEN WIR ein zentrales Thema der heutigen Erziehung. Nur eine kurze Zeit wird dem Kind gewährt, um sich für das Königreich des Lebens und die Freiheit des Geistes vorzubereiten. Wenn der Intellekt des Kindes von Jahr zu Jahr mehr wächst, betrachtet es das Leben wie einen Ozean, den es durchqueren soll, oder wie etwas Dunkles, das es erwartet. Später, wenn das Kind erwachsen ist, verbringt es die Zeit mit seiner Arbeit und hat kaum noch Zeit für Liebe oder Freundschaft. Doch am Ende kann der Mensch nichts mitnehmen. Nachdem er sein ganzes Leben für den Erwerb materieller Dinge geopfert hat, was hat er wirklich gewonnen? Durch das äußerliche Leben in der Welt haben sich die Schwierigkeiten des Lebens nur vermehrt. *X/242*

DIE MENGE an Lehrstoff, mit der die Jugend überladen wird, ist der größte Fehler, den wir heute begehen. Die Kultur scheint bei der Jugend verschwunden zu sein, und die Inspiration fehlt. Wir sind uns nicht bewußt, was für junge Menschen nötig ist. Wir vermitteln ihnen keine Ideale, noch Eindrücke, die sie veranlassen könnten, etwas Großes erreichen zu wollen. Es scheint eine Art von Uniformität in der Jugend vorzuherrschen. Wegen dieser uniformierten Erziehung erhält das Kind keine Nahrung für seine Seele, die es nötig hat, um das zu werden, wofür es geboren wurde.

Die Jugend hat den Enthusiasmus, alles aufzunehmen, was ihr entgegenkommt, es sich zu eigen zu machen und wieder zum Ausdruck zu bringen. Aber wenn die Jugendzeit nur damit verbracht wird, den ganzen Tag hart zu arbeiten und sich zu mühen, um Prüfungen zu überstehen, während nur wenig Zeit zur Erholung übrig bleibt, dann ist das nicht ausreichend zur Erfüllung der Lebensaufgabe. *VI / 111*

EIN IM Geiste des Kommerzialismus erzogener, von materiellen Motiven ausgefüllter Jugendlicher kann niemals zu einem wirklich glücklichen Menschen heranwachsen, der sein Glück mit seinen Mitmenschen teilen kann. Die größte Schattenseite der heutigen Zeit ist die Erziehung junger Menschen in einer völlig materiellen Atmosphäre, so daß es für sie nichts jenseits der materiellen Bedingungen gibt, dem sie erwartungsvoll entgegensehen können. Kein Kind kommt ohne ein geistiges Ideal zur Erde, aber die Umgebung, in der es lebt, seine Erzieher, seine Gefährten lassen es materialistisch werden. Es kann sich nicht selbst entwickeln, wenn seine ganze Umgebung anders ist. Die heutige Welt würde viel besser sein, wenn ein geistiges Ideal neben das materielle, welches das einzige Ziel der modernen Welt zu sein scheint, gestellt würde. Wenn wir aus der Erfahrung lernen würden, dann sind die vergangenen Katastrophen ein Beispiel für das, was die Entwicklung des Materialismus hervorbringen kann. Es gibt keine Hoffnung für eine Verbesserung der Situation, ehe nicht ein geistiges Ideal zum zentralen Thema der Erziehung sowohl in der Familie wie in den Schulen gemacht wird. Nur dies kann die Lösung der schwierigen Weltprobleme bringen, denen die Menschheit gegenübersteht. *III/III*

DER STRESS des Lebens läßt dem Menschen sehr wenig Zeit, um über den wahren Sinn des Lebens nachzudenken. Wenn er sich umsieht und den Zustand der Völker betrachtet, erkennt er, daß trotz allen Fortschritts das allgemeine Unbehagen zunimmt. Freundschaft existiert nur im eigenen Interesse. Jede Nation denkt nur an ihren Vorteil, ob sie es mit Freund oder Feind zu tun hat. Wenn wir die Welt als einen Körper betrachten, können wir sagen, daß sein Herz vergiftet ist durch den Haß, den die Menschen füreinander empfinden.

In der Weltgeschichte finden wir keine Periode wie diese. Unsere Zeit hat größere Zerstörung hervorgebracht als je zuvor. Wenn wir an die Wurzel des Übels gehen, erkennen wir, daß der Geist des Materialismus die Ursache ist. Geld scheint der einzige Gewinn und das einzige Ziel zu sein. Vielleicht erwacht der Mensch eines Tages und erkennt, daß er sein ganzes Leben für etwas hingegeben hat, das nur eine Illusion ist. *X/241*

# VON DER LIEBE

*Das Herz des Menschen ist ein Tempel,*
*wenn sein Tor*
*den Mitmenschen verschlossen ist,*
*dann ist es auch Gott verschlossen.*
*196*

Im Orient gibt es ein Sprichwort: »Ein liebevoller Sohn wird immer ein liebender Ehemann.« Dies ist eine wahre Erkenntnis. Sie weist auf die Tatsache, daß derjenige, der vom Beginn seines Lebens weiß, was Liebe bedeutet, die Grundlage gelegt hat für ein ganzes liebevolles Leben. Ein Mensch, der vertrauensvoll und freundlich zu einem Freund ist, kann es zu allen sein – Bekannten, Dienern, Nachbarn, Fremden gleicherweise –, weil er diese Eigenschaft in sich entwickelt hat. Aber Menschen, die vorgeben zu lieben, sind freundlich zu dem einen und hart zu dem anderen. Dies zeigt, daß sie nicht wahrhaft Liebende sind. Der wahrhaft Liebende erweist seine Freundlichkeit, Sanftmut, Sympathie jedem, dem er begegnet. *VII / 78*

DIE GANZE Schöpfung wurde aus Liebe geschaffen. Der Mensch ist am höchsten begabt zur Liebe. Wenn wir einen Edelstein besitzen, den wir sehr gern haben, wird sich dieser Stein unserer Liebe nicht bewußt sein. Doch eine Pflanze, die wir hegen und pflegen, reagiert auf unsere Liebe und wird gedeihen. Ein Tier fühlt noch mehr Zuneigung. Wenn wir ein Tier im Hause halten – wieviel Liebe kann es ausdrücken, bis es mit der Zeit zu einem Teil der Familie wird! Aber der Mensch, der den größten Anteil an Intelligenz besitzt, vermag auch am tiefsten in seinem Wesen zu lieben.

Dies zeigt auch, daß die Schöpfung sich vom Mineral zur Pflanze, von der Pflanze zum Tier, vom Tier zum Menschen entwickelt hat, indem auf jeder Stufe die Fähigkeit zur Liebe sich weiter entwickelte. *V / 144*

ZWEI OBJEKTE sind es, die der Liebe wert sind: auf der niederen Ebene der Mensch und auf der höheren Ebene Gott. Jeder Mensch lernt zuerst auf der niederen Ebene zu lieben. Sobald das Neugeborene seine Augen öffnet, liebt es, was es erblickt, was ihm schön erscheint. Später entwickelt sich die Liebe zu dem, was dauerhaft und nicht dem Wechsel unterworfen ist. Das führt zu dem göttlichen Ideal. Doch jetzt ist der Mensch bereits im Leben fixiert, so daß es einen inneren Widerstreit gibt. Das Idol zieht von der einen Seite und das Ideal von der anderen. Nur ausnahmsweise vermag der Mensch sich über diese Schwierigkeit zu erheben.

Die Liebe zu einem Menschen, welche Tiefe sie auch erreichen mag, ist begrenzt. Die Vollkommenheit der Liebe liegt in ihrer Unbegrenztheit. Die Liebe trägt in sich selbst das Verlangen, sich auszudehnen, vom Atom zum ganzen Universum, vom einzigen irdischen Geliebten zu Gott.

Wenn die Liebe zu einem menschlichen Wesen auch unvollständig ist, so ist es doch notwendig, damit zu beginnen. Ein Mensch kann niemals sagen: »Ich liebe Gott«, wenn er seinen Mitmenschen nicht liebt. Aber wenn die Liebe ihren Höhepunkt in Gott erreicht hat, wird sie vollkommen.     *V / 167, 169*

DER PROPHET Mohammed hat gesagt: »Gott ist schön, und ER liebt die Schönheit.« Nun bezieht sich das Wort ›schön‹ nicht auf die Erscheinung Gottes. Gott ist formlos. Darum ist es nicht Seine Persönlichkeit, die schön ist, denn Gott ist jenseits von dem, was wir im allgemeinen Sinne mit dem Wort Persönlichkeit bezeichnen.

Was ist dann der Ursprung von Gottes Schönheit? – Gott ist schön, weil ER Schönheit geschaffen hat. Wenn es keine Schönheit in Gott gäbe, könnte es auch keine in Seiner Schöpfung geben. Wenn es keine Schönheit in den Gedanken eines Dichters gäbe, könnte er keine schönen Verse schreiben; wenn es keine Schönheit in den Gedanken des Künstlers gäbe, könnte er sie niemals in einem Bild darstellen. Man kann die Schönheit im Herzen eines Malers nicht sehen, außer in der Schönheit eines Bildes, das er gemalt hat. Es ist nicht nur das Bild, das schön ist, – es ist das Herz des Malers, das zuerst schön ist. So erkennen wir die Schönheit nicht nur in der Schöpfung, sondern auch ehe sie sich manifestierte, als sie in der Liebe existierte. Die Schönheit ist in der Liebe verborgen. Die Schönheit, die die Liebe vor sich hat, um sie zu lieben, ist ihre eigene Schönheit. In welchem Ausmaße die Schönheit schön ist, so ist die Liebe schön; ja, noch mehr – denn der Schöpfer ist schöner als das Werk, das er geschaffen hat. *VII / 12–13*

Von Majnum, dem großen Liebenden Persiens, wird erzählt, daß eines Tages jemand zu ihm sagte: »Majnum, Leila ist nicht so schön, wie du denkst. Warum liebst du sie so sehr. Du opferst dein Leben. Du sehnst dich die ganze Zeit nach dem Mädchen. Was ist sie denn schon?« Aber Majnum sagte bescheiden: »Um Leila zu sehen, mußt du dir Majnums Augen borgen. Du brauchst die Augen meines Herzens. Mein Herz hat Leila geschaffen.«  *VII/219*

ALLE DINGE, die wir machen, sind das Werk unserer Hände. Wir sind ihr Schöpfer, und wir sind größer als unsere Hände. So ist es mit der Liebe. Die Liebe ist größer als die Schönheit, weil die Liebe der Schöpfer der Schönheit ist.

Ohne Zweifel wird die Liebe durch das Lieben begrenzt, begrenzt wie die Schönheit. Aber das ist der Zweck der Liebe. Wenn es keine Schönheit gäbe, könnte Seine Liebe sich der verborgenen Freude Seines eigenen Wesens nicht bewußt werden.

Sobald wir auf diese Art denken können, erkennen wir, daß die Liebe größer, unvergleichlich viel größer als das Objekt der Liebe ist. Die wahre Liebe, die wahre Schönheit ist in dem Liebenden. Das Objekt der Liebe ist viel kleiner, obwohl der Liebende sich dieses Unterschieds nicht bewußt ist. Der Liebende denkt: »Du bist es, vor dem ich mich neige. An dich denke ich bei Tage und bei Nacht. Vor dir bin ich hilflos. Dich bewundere ich, dich bete ich an.« Doch wird er sich der Größe seiner Liebe nicht bewußt, und darum ist die Liebe noch größer als der Liebende. *VII/13*

Ein Murid (Schüler) war lange bei einem geistigen Lehrer, machte jedoch keine Fortschritte und wurde nicht inspiriert. Er ging zum Lehrer und sagte: »Ich habe gesehen, daß viele Murids inspiriert wurden, aber es ist mein Unglück, daß ich keinerlei Fortschritte mache. Jetzt habe ich alle Hoffnungen aufgegeben und werde dich verlassen.« Der Lehrer gab ihm den Rat, die letzten Tage seines Aufenthalts in einem Haus nahe des Khankahs (Ashram) zu verbringen. Jeden Tag schickte er ihm sehr gutes Essen und ließ ihm sagen, daß er mit seinen geistigen Übungen aufhören und ein bequemes und ruhiges Leben führen solle. Am letzten Tag sandte er ihm einen Korb mit Früchten durch ein besonders schönes, junges Mädchen. Sie setzte ihren Korb ab und ging augenblicklich zurück, obwohl er sie bat zu bleiben. Ihre Schönheit und ihr Charme hatten ihn zutiefst beeindruckt, so daß er an nichts anderes mehr zu denken vermochte. Er sehnte sich danach, sie wiederzusehen, und sein Verlangen wuchs in jedem Augenblick. Er vergaß zu essen, war voller Seufzer und Tränen. Sein Herz war geschmolzen durch das Feuer der Liebe. Nach einiger Zeit besuchte ihn der Lehrer, und jetzt vermochte ein einziger Blick ihn zu inspirieren. *V/181*

Es GIBT keine größere Macht als die Liebe. Mit dem Erwachen der Liebe im Herzen fließt uns alle Kraft zu. Die Leute sagen: »Er ist so weichherzig, darum hat er keine Kraft.« Aber sie wissen nicht, welche Kraft sich im Herzen entwickeln kann, das zartfühlend aus Liebe wird. Jede Arbeit, die mit Liebe getan wird, wird mit ganzem Herzen getan. Furcht und Vernunft, die die Kraft begrenzen, können nicht gegen die Liebe bestehen.

Die Kraft der Liebe kann alles im Herzen erreichen, so wie die Kraft des Sprengstoffs die Welt erobern kann. Doch wenn Sprengstoff explodiert, kann er alles zerstören. Genauso ist es mit der Liebe: wenn sie zu intensiv wird, kann sie zur Zerstörung führen.

*V / 148*

FREUNDSCHAFT, Verwandtschaft, Intimität – alle haben ihre Grenzen. Wenn du die Grenze überschreitest, betrittst du sicherlich verbotenes Gelände.     *1194*

Die Ehe ist etwas sehr Heiliges. Wenn wir die Ehe von einem höheren Standpunkt aus betrachten, scheint sie die Erfüllung des Lebens zu sein.

Vom physischen Standpunkt her gesehen, können wir den Schwierigkeiten und Kämpfen des Lebens mit größerer Kraft und größerem Mut begegnen, wenn zwei harmonische Kräfte miteinander vereint sind.

Vom geistigen Standpunkt betrachtet, sehen wir, wie weise, mutig, kraftvoll ein Mensch auch sein mag, es fehlt ihm doch noch etwas. Welche Verdienste jemand auch haben mag, er braucht noch etwas anderes: in den Zeiten des Zweifels Überzeugung, in Zeiten der Sorge Unterstützung von jemand anderem, in Zeiten der Verwirrung ein wenig Licht, in Zeiten des Kummers ein Wort des Trostes. Reichtum, Macht, Stellung – all dies gibt kein Gleichgewicht im Leben. Wenn es irgend etwas gibt, das das Leben ins Gleichgewicht bringt, ist es eine andere Seele, die das Fehlende in den Augenblicken des Lebens gibt, in denen es notwendig ist.                    *VIII / 251*

DIE LIEBE steht über dem Gesetz, und das Gesetz ist weniger als die Liebe. Es gibt keinen Vergleich zwischen beiden; die Liebe ist vom Himmel, das Gesetz gehört zur Erde. Wenn die Liebe stirbt, beginnt das Gesetz. Darum kann das Gesetz niemals einen Platz für die Liebe finden, noch kann die Liebe sich jemals innerhalb des Gesetzes beschränken, da das eine begrenzt ist, das andere unbegrenzt wie das Leben selbst. Der Liebende kann keinen Grund angeben, warum er einen bestimmten Menschen liebt; denn es gibt für alles eine Ursache außer für die Liebe.

Die Liebe kann besser heilen als irgend etwas in der Welt. Nichts kann mit der Berührung durch die Mutter verglichen werden, wenn ein Kind Schmerzen hat.

Der Liebende bedarf keiner Konzentration. Die Liebe selbst ist seine Konzentration, die ihn über alle Dinge hinauswachsen läßt. *V / 148*

OPTIMISMUS WEIST auf ein spontanes Fließen der Liebe, auch auf ein Vertrauen in die Liebe. Pessimismus entsteht aus Enttäuschung, einem schlechten Eindruck, der bestehen bleibt und so zu einem Hindernis auf dem Pfad wird. Optimismus ist eine hoffnungsvolle Haltung dem Leben gegenüber, während der Pessimist den eigenen Pfad im Dunkeln sieht. Ohne Zweifel ist im Pessimismus auch Gewissenhaftigkeit und Klugheit enthalten. Aber Gewissenhaftigkeit allein ist niemals genug, um die Schwierigkeiten des Lebens zu überwinden. Es ist das Vertrauen, das die Probleme löst.

Die psychologische Wirkung des Optimismus hilft, Erfolg zu haben; denn Gott hat die Welt aus dem Geist des Optimismus geschaffen. Optimismus kommt von Gott, Pessimismus wird im Herzen des Menschen geboren. Das Leben ist eine Gelegenheit. Für den optimistischen Menschen ist diese Gelegenheit ein Versprechen, während sie für den pessimistischen ein Verlust ist. *VIII / 245*

EIN OPTIMIST riskiert die Möglichkeit des Verlustes, ein Pessimist verliert die Chance des Gewinns.

*1486*

WIR VERWECHSELN oft Vergnügen und Glück. Manchmal sagen wir Vergnügen für Glück oder Glück für Vergnügen. In Wirklichkeit wissen nur sehr wenige, was Glück bedeutet. Vergnügen ist nur der Schatten des Glücks, denn Vergnügen ist abhängig von Dingen außerhalb unserer selbst, Glück entsteht in unserem Innern. Glück gehört zu den Eigenschaften des Herzens, Vergnügen zur äußeren Welt. Die Entfernung zwischen Vernügen und Glück ist so weit wie zwischen Erde und Himmel. Solange das Herz nicht auf den richtigen Ton gestimmt ist, wird es nicht glücklich sein. Jenes innere Lächeln, das sich im Ausdruck eines Menschen zeigt, in seiner Atmosphäre, das gehört zum Glück. Wenn die Stellung und der Wohlstand des äußeren Lebens verloren gehen, so kann das innere Glück doch nicht weggenommen werden. Das Lächeln des Herzens beruht auf der rechten Einstimmung auf jene Höhe, wo es lebendig ist. *VIII / 273–4*

UM DEN Hunger anderer zu stillen, müssen wir unseren eigenen Hunger vergessen. Jeder arbeitet für selbstsüchtige Zwecke, ohne sich um die anderen zu kümmern. Dies allein hat alles Elend in der heutigen Welt hervorgebracht. Wenn die Welt sich von der Unvollkommenheit zur Vollkommenheit entwickeln soll, bedarf sie aller Liebe und Zuneigung. Großes Zartgefühl und viel Aufmerksamkeit wird von jedem von uns gefordert. Das Herz eines jeden Menschen, ob gut oder böse, ist die Wohnstatt Gottes, darum sollten wir Sorge tragen, niemanden durch Worte oder Handlungen zu verletzen. Wir sind nur für kurze Zeit auf dieser Welt. Viele waren vor uns da und sind hinübergegangen. Es ist unsere Aufgabe, daß wir einen Eindruck des Guten hinter uns zurücklassen.

*V / 194*

DIE SUFIS sagen, daß die Ursache der ganzen Schöpfung darin besteht, daß das Vollkommene Wesen sich selbst erkennen wollte und aus Liebe das Objekt Seiner Liebe erschuf. Die Derwische grüßen einander mit den Worten ›Ishq Allah, Mah'bud Allah‹ – Gott ist Liebe und Gott ist der Geliebte.

Da die Liebe der Ursprung der Schöpfung und die wahre Nahrung aller Wesen ist, kann der Mensch, der dies weiß, durch seine Sympathie, seine Freundlichkeit, seine Hilfsbereitschaft der Welt jene Nahrung geben, nach der jede Seele hungert. *V/144*

So WIE eine Frucht im natürlichen Verlauf reift, so sollte auch die Seele in einem natürlichen Verlauf reifen. Es ist nutzlos, über sich selbst enttäuscht oder entmutigt zu sein oder über jene, die uns nahe stehen, besorgt über Ehemann oder Frau, Vater oder Mutter, weil sie spirituelle Fragen nicht auf die gleiche Weise betrachten, wie wir es tun. Zuallererst hat niemand, wie weise und fromm er auch sein mag, das Recht, eine andere Seele zu beurteilen. Wer weiß, was hinter jeder Tat, Rede oder Verhaltensweise verborgen ist? – Niemand. Wenn jemand zu erkennen beginnt, was in der menschlichen Seele verborgen ist trotz aller täuschenden äußeren Erscheinung, wird er Respekt haben – auch Respekt vor der Menschheit, denn es wird ihm bewußt, daß in der Tiefe einer jeden Seele ER verborgen ist, den er anbetet. *VIII / 323*

# AUF DER SUCHE

*Das Leben beginnt mit dem Wissen*
*um die Vielfältigkeit,*
*aber das Bewußtsein der Einheit*
*ist der Höhepunkt des Lebens.*
1025

DIE GESCHICHTEN aus »Tausend und eine Nacht« sind voll vom Glauben an den Stein der Weisen, der durch einen chemischen Prozeß unedles Metall in Gold verwandelt. Zweifellos wurde diese Symbolik von vielen Menschen in Ost und West falsch verstanden. Viele haben daraus gefolgert, daß es ein Verfahren gäbe, durch welches Gold gemacht werden kann. Aber dies meinten die Weisen nicht damit. Die Jagd nach dem Gold ist für jene, die noch Kinder sind. Für die anderen, die Kenntnis von der Wirklichkeit haben, steht Gold für Licht und Inspiration. Gold gleicht in der Farbe dem Licht, darum hat ein unbewußtes Verlangen nach Licht den Menschen verleitet, nach Gold zu suchen. Doch es besteht ein großer Unterschied zwischen echtem und unechtem Gold. Das Sehnen nach wahrem Gold läßt uns das materielle Gold sammeln, nicht wissend, daß das wahre Gold in uns selbst zu finden ist. So befriedigen wir das Verlangen unserer Seele, wie ein Kind sich mit dem Puppenspiel zufriedengibt.                    *VI / 12*

EINMAL BETRACHTETE ich meinen Murschid, und ein neugieriger Gedanke stieg in mir auf: »Warum trägt eine so große Seele wie mein Murschid goldbestickte Schuhe?« Aber ich nahm mich sofort zusammen. Es war ja nur ein Gedanke. Er wäre nie meinen Lippen entschlüpft, sie waren unter Kontrolle. Und doch war er bekannt. Ich konnte zwar meine Lippen verschließen, doch mein Herz war offen für meinen Murschid wie ein offenes Buch. Er las meine Gedanken und gab mir die Antwort: »Die Schätze der Erde sind zu meinen Füßen.«                    *II / 244*

In unserer vorherrschend materialistischen Zeit scheint es ein großes Bedürfnis nach Wahrheit zu geben. Es ist natürlich, daß die Menschen nach Wahrheit hungern. Der ausgeprägte Materialismus läßt die Seele sich zunehmend unbehaglicher fühlen, und sie beginnt, sich nach spiritueller Verwirklichung zu sehnen. Aber wie sucht sie nach Spiritualität? – Gewöhnlich gibt es zwei Arten von Suchenden. Die Neugierigen wundern sich, ob es irgend etwas anderes gibt oder nicht, ob es wahr ist, daß es eine Seele und ein Jenseits gibt. Sie schauen nach Wundern aus, um es auszuprobieren und zu prüfen. Sie versuchen Hellsehen, Psychometrie und andere Psi-Methoden. Es gibt Hunderte und Tausende, die in Verwirrung umherwandern und nach Ungewöhnlichem Ausschau halten. Andere lesen Bücher verschiedener geistiger Richtungen und werden schließlich immer verwirrter. Sie wissen nicht, was falsch oder wahr ist. *VII/244*

DIE INDISCHEN Heiligen haben einen schönen Vergleich für die Verwirrtheit des Lebens. Sie sagen, das Leben gleicht einem Spinnennetz. Eine Spinne webt ihr Netz, vervollständigt es mehr und mehr und webt, bis es fertig ist. Aber wenn es vollendet ist, fängt sie sich selbst im Netz und kann sich nicht mehr befreien. Ihr Motiv war, dort zu leben und Insekten zu fangen, die hineingerieten. Aber schließlich sieht die Spinne nicht mehr, daß ihre Absicht erfüllt ist, sondern sie wird zur Gefangenen in ihrem eigenen Netz. Das gleiche geschieht mit den Ideen des Menschen. Er versucht, sie mit Ausdauer immer vielseitiger zu verwirklichen, so weit es ihm nur möglich ist. Er freut sich an der Komplexität, betrachtet sie als eine Verbesserung, als etwas Wundervolles und verstrickt sich mit seinem Interesse immer tiefer hinein. Aber eines Tages prüft er sein Werk und beginnt zu fühlen, daß es ohne die ganze Vielseitigkeit viel besser geworden wäre.          *X / 202*

WÄHREND VIELER Jahre bin ich gereist und habe gesehen, wie sehr die Menschen nach Wahrheit suchen. Doch zu meiner großen Enttäuschung fand ich viele, die zwar an spirituellen Fragen interessiert waren, doch nur intellektuell über den Glauben argumentierten und diskutierten. Aber wir brauchen den Intellekt nicht so sehr, wenn wir Gott suchen oder um Spiritualität zu erlangen, sondern wir müssen dafür unser Herz stimmen.

Man wird sagen, daß es doch viele emotionale Menschen gibt. Aber emotionale Menschen sind nicht immer liebende Menschen. Sie werden oft wie Wolken durch ihre Emotionen hin- und herbewegt. Einen Tag ist der Himmel klar, den nächsten Tag ist er bewölkt. Man kann sich auf Emotionen nicht verlassen, sie sind nicht Liebe.  *VIII / 280*

DIE SEELE hat ein ständiges Verlangen, ihr eigenes Wesen zu finden. Ehe sie es nicht gefunden hat, sucht sie immer nach etwas, obwohl sie nicht weiß, was es ist. Ist es nicht so, daß wir alle, was auch unsere Wünsche sein mögen, unglücklich sind, solange sie nicht erfüllt sind, und alles daran setzen, um sie zu erfüllen? Aber sobald wir es erreicht haben, sind wir dennoch nicht glücklich. Sofort steigt ein neuer Wunsch in uns auf: wenn wir eine Pflicht erfüllt haben, gibt es eine andere und wieder eine andere; wenn wir etwas gespart haben, möchten wir immer mehr. So ist es mit der Liebe und mit allem anderen. Wir fühlen uns niemals zufrieden und erfüllt, weil es nicht das fundamentale Verlangen ist, nach dessen Erfüllung wir uns wirklich sehnen. Selbst wenn wir alle Grenzen der Wünsche übersteigen, haben wir doch immer neue Wünsche. Dies beweist in sich selbst die Tatsache, daß es nur ein fundamentales Verlangen gibt, das hinter allem verborgen ist: das Verlangen nach spriritueller Vollkommenheit.                    *VII / 208*

WIR MÜSSEN verstehen, daß alles, was der Mensch im weltlichen Leben lernt und erfährt, alles was er Wissen nennt, nur in dem Bereich von Nutzen ist, für den er es lernt. Es hat dasselbe Verhältnis zu ihm wie die Eischale für das Küken. Wenn wir den Pfad des inneren Lebens betreten, hat jenes Lernen und Wissen keinen Nutzen mehr für uns. Je fähiger wir sind, jenes Wissen zu vergessen, zu verlernen, desto fähiger werden wir, jenes Ziel zu erlangen, für das wir den geistigen Pfad gewählt haben. Gelehrte und im weltlichen Leben Erfahrene fühlten immer einen großen Widerstand, wenn sie nach ihren großen Erfolgen im weltlichen Wissen wieder von vorn beginnen sollten. Oft verstehen sie es nicht, und viele betrachten es als unverständlich und sind enttäuscht. Es ist, als ob man eine Fremdsprache erlernt hat und dann in ein fremdes Land geht, wo diese Sprache nicht gesprochen wird und dessen Sprache man nicht kennt. Jedoch ist es nicht schwierig für die Seele, die ernsthaft auf dem Pfad reisen will. Sie muß nur ihren Enthusiasmus in der entgegengesetzten Richtung gebrauchen, d. h. sie muß ihren Enthusiasmus, den sie für das Erlernen weltlichen Wissens eingesetzt hat, nun auf das Erlernen des inneren Lebens richten.        *I/93*

71

EINE GESCHICHTE erzählt von einem Sufi, der ein krankes Kind heilte. Er wiederholte einige Worte, dann gab er das Kind seinen Eltern und sagte: »Nun wird es gesund werden.« Jemand, der dies nicht glauben wollte, warf ein: »Wie kann das möglich sein, daß irgend jemand durch ein paar wiederholte Worte geheilt werden kann?«

Von einem sanften Sufi erwartet niemand eine zornige Antwort, doch jetzt drehte er sich zu dem Mann um und entgegnete: »Du verstehst nichts davon. Du bist ein Narr!« Der Mann fühlte sich sehr beleidigt. Sein Gesicht rötete sich, er wurde wütend. Der Sufi sagte nun: »Wenn ein Wort die Kraft hat, dich wütend zu machen, warum sollte dann ein Wort nicht auch die Kraft haben zu heilen?«                    *Tales / 30*

LERNEN IST eine Angelegenheit, das Verlernen eine andere. Verlernen bedeutet, sich über alles das zu erheben, was wir weltliches Lernen nennen. Sehr oft hält das sogenannte Wissen unsere Seele von der Selbsterkenntnis ab, die allein wesentlich ist, weil das angelernte Wissen sehr kompliziert ist. Wir denken, daß etwas Einfaches nicht die Wahrheit sein kann. Wir schätzen, was kompliziert ist. Aber auf diese Weise verhüllen wir die Wahrheit in uns, die unser eigenes Wesen ist. *VII / 244*

WIE KÖNNEN wir jedoch verlernen? – Lernen bildet einen Knoten im Bewußtsein. Was auch immer wir durch Erfahrung oder von einem anderen Menschen lernen, bildet einen Knoten in unserem Bewußtsein. Wir haben so viele Knoten, wie wir Dinge gelernt haben. Verlernen ist das Auflösen der Knoten, und das ist genauso schwierig wie das Auflösen eines Knotens im Schuhband. Wieviel Anstrengung und Geduld ist nötig, um einen Knoten aufzulösen, den wir zuvor von beiden Seiten fest angezogen haben! Genauso erfordert es Geduld und Anstrengung, die Knoten im Bewußtsein aufzulösen. Was hilft uns in diesem Prozeß? – Das Licht des Bewußtseins wirkt mit voller Kraft beim Auflösen intellektueller Knoten. Ein Knoten ist die beschränkte Vernunft. Wenn wir sie auflösen, nehmen wir die Begrenzung weg und werden offen. Wenn das Bewußtsein durch Verlernen und Ausgraben aller Eindrücke von gut und böse, richtig und falsch geglättet wird, dann wird der Grund des Herzens zu kultiviertem Boden, so wie die Erde nach dem Pflügen. Alle alten Wurzeln und Steine werden weggenommen, und der Boden wird bereit für eine neue Saat. *I/94*

OFTMALS DENKEN wir, daß nur Studium, Meditation und Gebet uns auf den Pfad zum Ziel bringen können, aber ebenso spielen die Handlungen eine wichtige Rolle. Nur wenige verstehen, welche Wirkungen jede Handlung auf das Leben hat, welche Kraft eine richtige Handlung geben kann und welche Folgen eine falsche Handlung haben kann. Viele sind nur darauf bedacht, was andere über ihre Handlungen denken mögen, anstatt zu bedenken, was Gott von ihnen hält. Wenn der Mensch wüßte, welche Wirkung seine Handlung auf ihn selbst ausübt, würde er verstehen, daß ein Mörder zwar dem Gericht entgehen kann, aber nicht seinem eigenen Gewissen. Der größte Richter ist in unserem eigenen Herzen. Wir können unsere Handlungen nicht vor uns selbst verbergen. Ohne Zweifel ist es schwierig oder fast unmöglich, die Handlungen anderer Menschen zu beurteilen, denn wir kennen die Umstände nicht. Am besten können wir nur uns selbst beurteilen; denn wie böse wir auch sein mögen, wir werden mit unseren falschen Handlungen nicht wirklich zufrieden sein. Wenn wir es auch für den Augenblick sind, so wird diese Zufriedenheit doch nicht anhalten. *X/51–52*

DER MENSCH wurde nicht auf Erden geboren, um nur zu essen, zu trinken und zu schlafen, wie alle niederen Geschöpfe es tun. Er wurde geboren, um zu lernen, den fruchtbaren Boden aufs Beste zu nutzen, die Schätze der Erde zu achten und recht zu gebrauchen. Auf diese Weise fühlt sich der Mensch mit der Erde verbunden. Die Seele kommt vom Himmel, und ihre Verbindung mit der Erde birgt ein Geheimnis, das zum Sinn des Lebens führt. Es ist leicht zu sagen: »Wir kommen vom Himmel und sind für den Himmel bestimmt. Was gibt es, das zu uns gehört, während wir für einige Tage auf der Erde wohnen? Es ist besser, sich zurückzuziehen und alles zu verlassen, was am Ende doch wertlos ist.« Das ist wahr, aber es ist nicht natürlich. Wir sollen fähig sein, alles, was auf Erden geschaffen wurde, wertzuschätzen. Die Schönheit des Mineralreichs, die wir in Juwelen und Edelsteinen finden, zeigt uns, daß das göttliche Licht durch einen Stein scheint und ihn dadurch unvergleichlich wertvoller macht als den Kieselstein am Weg. Was für ein Wunder ist es, daß Gott Seine Schönheit selbst in einem Stein zu zeigen vermag.

*I / 218*

Es IST niemals zu spät, um auf dem geistigen Pfad zu beginnen, aber gleichzeitig ist es niemals zu früh. Das Beste ist darum, in dem Augenblick zu beginnen, in dem man denkt, ›es ist schon spät, ich muß beginnen‹, und dann durch alle Prüfungen und Versuchungen auf diesem Pfad hindurchzugehen in der Zuversicht, daß es nichts gibt, das nicht erreicht werden kann, wenn der geistige Pfad beschritten wird.  *II/177*

DAS LEBEN ist eine große Gelegenheit, und es ist sehr schade, wenn der Mensch das erst zu spät erkennt.  *159*

DER MENSCH hat unter allen Bedingungen des Lebens, was auch seine Stellung oder sein Besitz sein mögen, Sorgen, Schmerzen und Schwierigkeiten. Woher kommt das? – Von seinen Begrenzungen. Aber wenn die Begrenzungen natürlich sind, warum sollte er dann nicht zufrieden sein mit seinen Sorgen? – Weil die Begrenzung für die Seele nicht natürlich ist. Die Seele, die von Natur aus frei ist, fühlt sich unwohl im Leben der Begrenzung. Alles, was diese Welt bieten kann, wird die Seele zurückweisen, wenn sie äußerste Schmerzen erleidet, um aus dem Bereich der Erde zu fliehen und jene Sphären der Freiheit zu suchen, die ihre Bestimmung sind. Es gibt ein Verlangen, das hinter allen anderen Sehnsüchten des Menschen verborgen ist – das Verlangen nach Freiheit. Dieses Verlangen wird manchmal durch eine Wanderung in der Einsamkeit befriedigt, im Wald, wenn man eine Weile für sich allein ist, durch einen tiefen Schlaf, der nicht durch Träume verwirrt ist, und in der Meditation, wenn die Aktivität des Körpers und des Bewußtseins für eine Weile aufgehoben sind. Darum haben die Heiligen die Einsamkeit bevorzugt und die Natur geliebt. Sie haben die Meditation als ein Mittel benutzt, um das Ziel – die Freiheit der Seele – zu erreichen. *I / 161*

WAHRE FREIHEIT ist in uns selbst. Wenn die Seele frei ist, gibt es nichts in der Welt, um uns zu binden – überall finden wir Freiheit, im Himmel wie auf Erden. *1774*

SOBALD DIE Seele sich zu entfalten und den in ihr verborgenen Sinn zu erkennen beginnt, beginnt sie auch, sich dessen zu erfreuen und das Vorrecht zu würdigen, daß sie lebt: sie beginnt, alles zu schätzen, über alles zu staunen. Denn jede gute und auch jede schlechte Erfahrung bringt ihr eine gewisse Freude, die Freude an der Erfüllung des Lebensziels. Diese Freude fühlt sie nicht nur in der Lust, sondern selbst im Schmerz, bei einem Erfolg und auch bei einem Mißerfolg. Freude ist nicht nur der Heiterkeit des Herzens eigen; auch wenn das Herz bricht, fühlt es im Verborgenen eine gewisse Freude. Denn keine Erfahrung ist wertlos. Besonders für die Seele, die ihr Ziel zu erkennen beginnt, ist kein Augenblick im Leben verloren. Denn unter allen Umständen und in jeder Erfahrung wird sie des Sinns ihres Lebens gewahr. *I/232*

WENN ER die Fülle Seiner Gaben spendet, gibt Er sie vielleicht durch die Hand deines ärgsten Feindes; wenn Er dir alles nimmt, was du besitzt, geschieht es vielleicht durch die Hand deines besten Freundes. *835*

# EINWEIHUNG

*Wenn des Jüngers Ruf*
*eine gewisse Stärke erreicht hat,*
*kommt der Lehrer,*
*darauf die Antwort zu geben.*

*128*

DER WEISE, der Törichte, der Gute, der Schwache, wen immer wir im täglichen Leben treffen, sie dienen uns dazu, das Leben zu studieren. Daneben können wir vieles aus unseren Erfolgen und Versagen, unseren Freuden und Sorgen, aus allem, was uns angenehm oder unangenehm ist, lernen. Wenn wir recht oder unrecht tun, alles ist eine Lektion, wenn wir es als solche betrachten. Aber für den wirklich Eingeweihten ist es wesentlich, daß er zuerst sich selbst studiert, ehe er andere zu erkennen versucht. Kann ein Einweihender die Wahrheit lehren? – Kein Mensch hat die Kraft, einem anderen die Wahrheit zu lehren; der Mensch muß die Wahrheit in sich selbst erkennen. Der Lehrer vermag zu sagen: »Dies ist der Weg, geh nicht in die Irre.« Der Einweihende vermag seinen Schüler auf jenen Weg zu bringen, auf dem er desto mehr erhält, je weiter er geht. Aber der erste Schritt ist der schwerste. *X/89–90*

Es IST leicht, ein Lehrer, aber schwer, ein Schüler zu werden. *254*

Es GIBT verschiedene Arten von Einweihung, die die Seele erlebt. Eine Art liegt in ihrer natürlichen Entfaltung, die die Seele ohne Anstrengung oder Bemühung erfährt. Manchmal erleben wir diese Einweihung nach einer schweren Krankheit, nach Schmerzen oder Schicksalsschlägen. Sie wird erlebt als eine Erweiterung des Horizonts, als ein Blitz, der in einem Augenblick die Welt umgewandelt erscheinen läßt. Nicht die Welt hat sich verändert, wir sind es, die anders eingestimmt wurden. Wir beginnen anders zu denken, anders zu fühlen, zu sehen und zu handeln. Unsere ganzen Umstände beginnen sich zu ändern. Es kann in Form einer Vision, eines Traums oder eines Wunders geschehen – auf irgendeine Art. Man kann die Form, in der es geschieht, nicht beschreiben.

*X / 71–72*

Es WAR einmal ein König, der wollte sein Königreich aufgeben und ein Murid (Schüler) werden. Er
wollte auf alle seine weltlichen Schätze verzichten
und sich ganz spirituellen Gedanken hingeben. Als er
nach Buchara zu einem Lehrer ging, gab dieser ihm
die Arbeit eines Probanden. Diese Arbeit bestand
darin, das Haus der Schüler zu säubern und den Müll
fortzubringen. Die anderen Schüler fühlten Mitleid
mit ihm und waren schockiert, daß er, der auf dem
Thron zu sitzen pflegte und König war, diese Arbeit
tun mußte. Sie dachten, daß es furchtbar für ihn sein
müßte. Doch der Lehrer, der wußte, was er beabsich-
tigte, konnte nichts anderes tun. Er sagte: »Er muß es
tun, denn er ist noch nicht bereit.« Eines Tages kamen die Schüler zum Lehrer und sagten: »Wir haben
alle Mitleid mit ihm. Er ist so feinfühlig, so freundlich, so kultiviert. Wir wären so glücklich, wenn du
ihm seine Pflicht erlassen würdest.« Der Lehrer
sagte, er wolle ihn prüfen. Als er nun eines Tages den
Abfall hinaustrug, stieß jemand mit ihm zusammen,
und alles war am Boden verstreut. Er schaute auf und
sagte: »Das wäre früher nicht geschehen, das kann
ich dir sagen!« Dem Lehrer wurde dies berichtet, und
er sagte: »Die Zeit ist noch nicht gekommen.«

Nach einiger Zeit wurde der Test wiederholt. Dies-
mal schaute der Mann nur auf, sagte aber nichts.
Doch wieder fand der Lehrer, daß die Zeit noch nicht
gekommen sei. Aber bei der dritten Prüfung sam-
melte er nur den verstreuten Abfall auf und trug ihn
fort. Da sagte der Lehrer: »Jetzt ist es Zeit, nun ist er
bereit.«                                              VI / 276

CHRISTUS SAGT: »In meines Vaters Hause sind viele Wohnungen.« Der Prophet Mohammed hat gesagt: »Jede Seele hat ihre ihr eigene Religion«, und es gibt einen Sanskritspruch, der vielleicht diejenigen zu verwirren vermag, die ihn nicht verstehen, doch bedeutet er das gleiche: »So viele Seelen, wie es gibt, so viele Götter gibt es.«

Der Sufi kümmert sich deshalb nicht darum, welchen Pfad einer geht. Denn ein jeder Weg scheint ihm zum Ziel zu führen, der eine früher und der andere später – der eine mit Schwierigkeiten und der andere einfach. Aber diejenigen, die willig mit ihm gehen und auf seine Kameradschaft vertrauen, sind seine Murids und nennen ihn Murschid. Er führt sie nicht unbedingt auf dem gleichen Pfad, den er für sich selber gewählt hat, sondern auf dem Pfad, der am besten für sie geeignet ist. *V/248*

EIN WAHRER Murschid wird als eine Brücke betrachtet, die die Murids mit ihrem Herrn verbindet.
Er ist der Torhüter am Königspalast und kann nur bis
zur inneren Tür geleiten, die zum Audienzraum führt.

Der Murschid wünscht seinem Murid allen irdischen und himmlischen Segen. Aber er vermag nur
wenig zu tun, wenn er keinen Widerhall und Glauben
findet. Für den Murschid ist das Leben des Murid
von viel größerer Bedeutung als die Regelmäßigkeit
in der Meditation. Er lehrt, daß es viel wichtiger ist,
im eigenen Leben Eigenschaften wie Güte, Sanftmut
und Liebe zu kultivieren. Wenn der Murid darin ver-
sagt, vermag der Murschid ihn nicht zu inspirieren;
denn der Murid steht sich dann selbst im Licht. *V/223*

OFT IST ein Murid gleichzeitig eine Inspiration für den Murschid, weil es nicht der Murschid ist, der lehrt, sondern Gott. Der Murschid ist nur ein Mittler. So weit wie die Empfänglichkeit des Murids reicht, so weit vermag er die Botschaft Gottes aufzunehmen. Der Murid kann inspirieren, aber der Murid kann sich der Inspiration auch verschließen. Wenn er keine Aufnahmebereitschaft hat, sondern Widerspruch und mangelndes Interesse zeigt, dann wird auch der Murschid nicht inspiriert. So wie Wolken, die über eine Wüste ziehen, nicht regnen können. Es ist die Wüste, die das bewirkt. Wenn die Wolken über einen Wald ziehen, ziehen die Bäume sie an, und der Regen fällt. *Soul/200*

DIE BEDEUTUNG des Wortes ›Initiation‹ können wir verstehen, wenn wir es mit ›Initiative‹ in Verbindung bringen. Jedes kleine Kind wird mit Initiative geboren. Aber während es aufwächst, vergeht sie mehr oder weniger, weil das Wissen, das es erwirbt, auch die Zweifel lehrt. Diese wachsenden Zweifel lassen uns oft die Kraft zur Initiative verlieren. Dann wagen wir es nicht mehr, einen Schritt vorwärts zu gehen, ehe wir nicht wissen, ob Land oder Wasser vor uns ist. Aber sehr oft schaut Wasser wie Land aus und Land wie Wasser. Der Mystiker betrachtet das Leben als eine Illusion, und der Mensch gründet seine Vernunft auf solche Illusion. Trotzdem hilft uns die Vernunft im weltlichen Leben, obwohl gerade sie es ist, die uns oftmals zurückhält, wenn wir die Initiative ergreifen möchten.           *X/71*

EINE EINWEIHUNG findet im wahren Sinne des Wortes, wie es auf dem geistigen Pfad gebraucht wird, statt, wenn ein Mensch ohne Rücksicht auf seinen Glauben und seine Vorstellungen über spirituelle Fragen fühlt, daß er einen Schritt vorwärts tun sollte in eine Richtung, die er nicht kennt. Wenn er diesen Schritt wagt, ist es eine Einweihung. Ghazzali, der große persische Sufi-Autor, hat gesagt, das Betreten des geistigen Pfades gleicht dem Abschießen eines Pfeils auf ein unsichtbares Ziel, so daß man nicht weiß, was der Pfeil treffen wird. Darum ist der Pfad der Einweihung für die meisten Menschen so schwierig. Es liegt in der Natur des Menschen, daß er alles wissen möchte. Er möchte etwas berühren können, um sicher zu sein, daß es existiert. Es muß für seine physischen Sinne wahrnehmbar sein, ehe er glaubt, daß es existiert. Darum ist es so schwierig für ihn, auf einem Pfad eingeweiht zu werden, der keinen seiner Sinne berührt. Er weiß nicht, wohin er gehen wird.

X / 61–62

VON EINEM Derwisch, einem einfachen Mann, der von einem Lehrer eingeweiht worden war, wird folgende Geschichte erzählt: Als sein Murschid gestorben war, traf er einen Hellseher, der ihn fragte, ob er eine Führung auf seinem Pfad gehabt hätte. Der Mann erwiderte: »Ja, mein Meister, der jetzt gestorben ist. Als er noch lebte, war ich glücklich unter seiner Führung. Darum wünsche ich von dir jetzt nur deinen Segen.« Doch der Hellseher sagte: »Durch meine hellseherischen Kräfte kann ich sehen, daß dein verstorbener Lehrer kein wahrer Lehrer war.« Als der einfache Mann dies hörte, wurde er nicht zornig über ihn, sondern erwiderte sanft: »Mein Lehrer mag falsch gewesen sein, aber mein Glaube ist nicht falsch, und das genügt.«

So wie es Wasser in den Tiefen der Erde gibt, so finden wir Wahrheit im Grunde aller Dinge, seien sie falsch oder wahr. An einigen Stellen müssen wir tief graben, an anderen nur ein kurzes Stück, das ist der einzige Unterschied; denn es gibt keinen Ort, wo es kein Wasser gibt. Wir müssen vielleicht sehr, sehr tief graben, um es zu bekommen, aber in den Tiefen der Erde ist Wasser, und so ist in den Tiefen aller Falschheit der Oberfläche die Wahrheit verborgen. Wenn wir wirklich nach Wahrheit suchen, werden wir sie immer eines Tages finden.               X/63

AUF MEINEN Reisen habe ich manchmal feststellen können, welche Schwierigkeiten die Menschen mit der Disziplin haben. Sie sind bereit zu lernen, aber sie möchten keine Disziplin. Doch in den Fabriken, in den Büros, beim Studium an den Universitäten, überall gibt es eine gewisse Disziplin. Aber in spirituellen Dingen wird sie abgelehnt, da machen die meisten Menschen Schwierigkeiten. Sie denken so wenig darüber nach, daß sie nicht bereit sind, ein Opfer zu bringen. Weil sie nicht wissen, wohin es sie führt, fehlt ihnen der Glaube. Außerdem werden hier und dort falsche Methoden gelehrt, und manche Leute kommerzialisieren Dinge, die als heilig betrachtet werden sollten. Auf diese Weise wird das höchste Ideal heruntergezogen. Es ist Zeit, daß die wahren Lehren eingeführt, ernsthaft studiert, erfahren und durch Übungen verwirklicht werden.          *IV/195*

AM WICHTIGSTEN auf dem Pfad der Wahrheit ist die Selbstdisziplin, denn ohne sie bringen unsere Übungen und Studien keine großen Ergebnisse hervor. Diese Selbstdisziplin hat viele verschiedene Aspekte. Wenn wir das Leben der Asketen studieren, die in den Bergen und Wäldern in der Einsamkeit lebten, erfahren wir, daß sie, die wirklich nach der Wahrheit gesucht haben, ihr äußerstes getan haben, um Selbstdisziplin zu praktizieren. Ohne sie kann keine Seele in der Welt zu höherer Verwirklichung gelangen. Ohne Zweifel erschreckt es Menschen, die in der Welt leben und an Komfort gewöhnt sind, auch nur an Selbstdisziplin zu denken. Aber es ist nicht notwendig, in die Höhlen der Berge oder in die Wälder zu gehen, um Selbstdisziplin zu üben. Wir können das in unserem täglichen Leben tun. *VIII / 45*

SOBALD JEMAND an Selbstdisziplin gewöhnt ist, wird er feststellen, daß sie ihm zunehmend leichter fällt, obwohl sie ihm am Anfang so schwer wurde. Es braucht nicht lange, um wunderbare Ergebnisse zu erlangen. Viele Menschen beklagen sich, daß selbst die ihnen Nächsten ihnen nicht zuhören. Durch Selbstdisziplin können wir die Ursache dieser Klage erkennen, indem wir gewahr werden, daß wir selbst niemandem richtig zuhörten. Dann finden wir den Störenfried: es war nicht der andere, es waren wir selbst. So beginnen wir, uns zu beherrschen und fühlen, wie wir Meister über uns selbst werden. Je mehr wir dieses Wunder erfahren, desto leichter wird alles für uns.                                    *VIII / 48*

DER PFAD der falschen Freiheit führt zur Gefangenschaft; der Pfad der Disziplin dagegen führt zur Freiheit.                                    *637*

DIE SUFIS sagen, daß der Körper der Tempel Gottes ist. Aber die richtige Interpretation dieses Wortes wäre, daß der Körper dazu geschaffen wurde, der Tempel Gottes zu werden. Ein Tempel kann solange nicht der Tempel Gottes genannt werden, wie Gott dort nicht anwesend ist. Darum ist es natürlich, wenn die Seele sich niedergedrückt und traurig fühlt, wenn irgend etwas mit ihrem Gefäß nicht stimmt. Wenn ein Autor schreiben möchte und sein Schreibgerät ist nicht in Ordnung, ärgert er sich. Es liegt nicht am Autor, es ist die Feder, die nicht in Ordnung ist. Kein Unwohlsein entsteht in der Seele. Die Seele ist von Natur aus glücklich, die Seele ist Glück an sich. Sie wird unglücklich, wenn irgend etwas mit ihrem Gefäß, mit ihrem Instrument, mit dem sie das Leben erfahren soll, nicht stimmt. Sorge für den Körper ist darum das erste und wichtigste Prinzip der Religion. Frömmigkeit, ohne dies zu beachten, ist von geringer Bedeutung. *Soul/104*

Wir sollten uns erinnern, daß sogar die Zerstörung oftmals Glück bringt. Es gibt Dinge, die zerstört werden müssen, um Glück hervorzubringen. Es gibt manche Gedanken, Vorstellungen, Gefühle und Eindrücke, die zerstört werden müssen. Der Meister über das Bewußtsein weiß, was zu zerstören und was zu bewahren ist; denn für ihn wird die ganze Welt zu einer Art Garten. So wie der Gärtner weiß, was auszujäten und was zu erhalten ist, so weiß es auch der Meister des Bewußtseins. *Soul / 191*

EINIGE FORMEN akzeptieren wir, während wir andere zurückweisen. Das ist eine natürliche Veranlagung des Menschen. Aus diesem Grunde gibt es so viele Religionen. Selbst jemand, der die Dinge nicht in diesem Licht betrachten kann, sollte doch wenigstens tolerant gegenüber anderen Religionen sein. Er sollte eine Religion respektieren, weil er sieht, daß andere sie respektieren – sogar wenn er selbst keine besondere Achtung für den Begründer hat. Spiritualität bedeutet Achtung, Entwicklung. Wir zeigen unsere Entwicklung in unserer Achtung, unserer Rücksichtnahme, unserer Nachdenklichkeit. Die Disharmonie in der Welt wird zu einem großen Teil durch religiöse Unterschiede verursacht wie die Kriege früherer Zeiten. Diese Unterschiede liegen darin, daß wir nicht verstehen, daß die Religion *eine* ist, die Wahrheit *eine* ist, Gott *eins* ist. Wie kann es da zwei Religionen geben? *VII / 226*

Ein persischer Schah pflegte während der Nacht zu wachen und zu beten. Ein Freund, der ihn besuchte, wunderte sich über seine lange Meditation nach der Arbeit eines ganzen Tages. »Es ist zu viel«, sagte er, »du brauchst nicht so lange zu meditieren.« – »Sag das nicht«, war die Antwort, »denn du verstehst es nicht. Nachts folge ich Gott, aber während des Tages folgt Gott mir.«

Die Zeiten der Meditation bringen den ganzen Organismus in gleichmäßigen Fluß, wie der Strom in den Ozean fließt. Sie halten den Meditierenden in keiner Weise von seinen Pflichten ab, sondern segnen jedes Wort, das er spricht, mit den Gedanken an Gott. *X / 30*

# ERFÜLLUNG

*Es gibt nur einen Lehrer:*
*Gott selbst. –*
*Wir alle sind Seine Schüler.*

22. März

NACH STILLE suchen wir bewußt oder unbewußt in jedem Augenblick unseres Lebens. Wir suchen nach der Stille und laufen gleichzeitig vor ihr davon. Wann wird das Wort Gottes vernommen? – In der Stille. Die Seher, Heiligen, Propheten und Meister vernahmen jene Stimme aus dem Innern, indem sie selbst still wurden. Ich will damit nicht sagen, daß zu jemandem gesprochen wird, weil er still ist. Ich meine damit, man könne das Wort vernehmen, das stets aus dem Innern erklingt, wenn man einmal still geworden ist. Wenn das Denken zur Ruhe gebracht wird, können wir auch mit jedem, der uns begegnet, in Verbindung treten. Es braucht dazu nicht viele Worte – wenn die Blicke sich treffen, versteht man sich. Zwei Menschen mögen ihr ganzes Leben miteinander reden und diskutieren und doch einander niemals verstehen; zwei andere mit ruhigem Gemüt schauen einander an, und in einem Augenblick besteht eine Verbindung zwischen ihnen. *IV/208*

DER PERSISCHE Dichter Sa'di saß eines Tages im Laden eines Buchhändlers, in dem auch seine Bücher verkauft wurden. Der Buchhändler war abwesend, als jemand kam und nach einem der Bücher Sa'dis fragte, ohne zu wissen, daß er mit dem Dichter selbst sprach. Sa'di fragte ihn, was ihm an Sa'dis Büchern gefiele. »Er ist ein amüsanter Bursche!« Woraufhin Sa'di ihm das Buch schenkte. Als er es bezahlen wollte, sagte Sa'di: »Nein, ich bin Sa'di, und als Sie mich einen amüsanten Burschen nannten, haben Sie mir allen Lohn gegeben, den ich wünsche!«

Sa'di wünschte sich das Leben voller Freude. Spiritualität bedeutet nicht ein langes Gesicht und tiefe Seufzer. Ohne Zweifel gibt es Augenblicke, in denen wir die Sorgen anderer mitfühlen. Es gibt Augenblicke, die uns zu Tränen bewegen. Es gibt Zeiten, in denen wir unsere Lippen verschließen müssen. Aber zu anderen Zeiten sollen wir die freudvollen Seiten des Lebens sehen und seine Schönheit bewundern. Der Mensch wurde nicht in dieser Welt geboren, um deprimiert und unglücklich zu sein. Sein wahres Wesen ist Glück. Depression ist etwas Unnatürliches. Damit will ich nicht sagen, daß sich sorgen Sünde ist und das Leiden immer vermeidbar. Wir alle müssen beides im Leben erfahren, um den Zweck unseres Lebens zu erfüllen. Wir können nicht immer lächeln, und es bedeutet keine geistige Entwicklung, eine Seite des Lebens zu übersehen. Inmitten des Lebens sollen wir alles in uns entwickeln und zum Ausdruck bringen, was schön und vollkommen und göttlich in unserer Seele ist.

*X / 144*

EIN GLAS Wasser ist für den Durstigen wichtiger als der Ozean. Ein persönlicher Gott ist wichtiger als die Idee vom absoluten, die uns nichts bedeutet. Wir menschlichen Wesen haben nur ein begrenztes Bewußtsein. Wir können Gott nur so weit erfassen, wie wir imstande sind, ihn uns vorzustellen.

Gott ist für den Mystiker nicht abstrakt. ER ist für ihn eine Wirklichkeit. Der Mystiker stellt sich Gott nicht abstrakt vor, obwohl er weiß, daß ER es ist. Es ist nicht eine Frage des Wissens, sondern des Seins. Gott ist für den Mystiker eine Stufe zur Selbstverwirklichung. ER ist das Tor, der Eingang zum Himmel. Gott ist für den Mystiker ein Schlüssel, der das Geheimnis des Lebens aufschließt – der Ursprung, aus dem er gekommen und zu dem er zurückkehren und seine Heimat finden wird. X/14–15

DER GOTTLIEBENDE zeigt dieselbe Neigung wie derjenige, der einen anderen Menschen liebt: er spricht zu niemandem über seine Liebe – er kann nicht darüber sprechen. Der Mensch kann nicht ausdrücken, wie sehr er seine Geliebte liebt, er hat auch nicht den Wunsch, darüber zu sprechen. Selbst wenn er es könnte, – in der Gegenwart seiner Geliebten – verschließt er seine Lippen. Wie könnte dann der Gottliebende bekennen ›Ich liebe Gott‹? Der wahrhaft Gottliebende bewahrt seine Liebe still verborgen in seinem Herzen wie einen Samen, der in die Erde gesät wurde. Wenn der Keimling wächst, zeigt es sich in seinem Verhalten gegenüber seinen Mitmenschen. Er kann nicht anders als freundlich handeln; er ist bereit, jedem zu verzeihen. Jede seiner Bewegungen, seiner Taten sprechen von seiner Liebe, aber nicht seine Lippen.

I / 77

GOTT IST Liebe, und ER hat den Menschen aus Seiner Liebe heraus geschaffen. Wie kann ER dann zufrieden sein, wenn jemand Hass oder Vorurteile seinen Mitmenschen gegenüber hegt? Wie unwürdig jemand auch zu sein scheint oder ist, so wird er doch von Gott geliebt. ER hat ihn geschaffen, um ihn lieben zu können. Darum ist Gott, Vater und Mutter aller Wesen, allen seinen Geschöpfen in gleicher Weise zugeneigt. *VII / 11–12*

JEDEN MENSCHEN als einen Tempel Gottes behandeln, heißt alle Religionen zu erfüllen. *20. Jan.*

EIN SUFI ruhte einmal sehr glücklich und zufrieden; seine Beine waren ausgestreckt, die Arme unter den Kopf gelegt, und er war ganz entspannt. Ein Vorübergehender, ein sehr frommer Mann, sah ihn so und rief aus: »O, ich wußte nicht, daß du eine so unverschämte Person bist!« Der Sufi war ganz überrascht über diesen Vorwurf. »Warum?«, fragte er, »warum sagst du, daß ich unverschämt sei? Ich tue nichts, ich ruhe mich hier nur friedlich aus!« – »Du liegst auf eine höchst unverschämte Art, weil deine Füße nach Mekka zeigen!« sagte der fromme Mann. Der Sufi dachte einen Augenblick nach. »Komm bitte hierher, mein Freund«, sagte er dann, »nimm meine Beine und drehe sie in jene Richtung, wo Allah nicht ist.«

*ungedruckt*

HINTER DER Welt der vielfältigen Namen und Formen gibt es *ein* Leben und *einen* Geist. Dieser Geist, der die Seele aller Wesen ist, liebt die Einigkeit, die Übereinstimmung. Wenn sie fehlt, ist die Welt unglücklich. Wenn wir eine Auseinandersetzung mit unserem Bruder, unserem Freund oder Nächsten hatten, schmeckt uns das Essen nicht, wir können nicht schlafen, unser Herz ist ruhelos, uns beschattet eine dunkle Wolke. Dies zeigt, daß wir nicht nur von unserer Nahrung leben. Unsere Seele lebt von der Liebe – der Liebe, die wir empfangen und der Liebe, die wir geben. Wenn sie fehlt, sind wir unglücklich, ihr Dasein ist alles, was wir brauchen. Nichts in der Welt hat eine so große Heilkraft, bringt uns größere Freude als das Bewußtsein der Bruderschaft, der größeren Einheit.

X / 265

NIEMAND, DER den gegenwärtigen Zustand der Welt tiefgründig betrachtet, wird die Tatsache verneinen, daß die Welt heute *die* Religion braucht. Wenn ich *die* Religion und nicht eine Religion sage, ist es darum, weil viele Religionen existieren. Notwendig ist aber etwas anderes: es ist *die* Religion. Muß das eine neue Religion sein? Wenn es eine neue Religion sein sollte, könnte es nicht *die* Religion genannt werden – dann wäre sie wie viele andere Religionen. Was ich *die* Religion nenne, ist etwas, das wir erkennen können, wenn wir uns über die Sekten und vielfältigen Unterscheidungen erheben, die die Menschen trennen. Indem wir *die* Religion verstehen, verstehen wir alle Religionen.

Ich meine damit nicht, daß die verschiedenen Religionen keine Religion sind. Sie sind wie Noten, aber es gibt Musik, und jene Musik ist *die* Religion. Jede Religion schlägt eine Note an – eine Note, die das Verlangen der Menschheit zu einer bestimmten Epoche erfüllte. Doch ist der Ursprung einer jeden Note die gleiche Musik, die sich manifestiert, wenn die verschiedenen Noten harmonisch arrangiert sind. *X/255*

WENN DIE Schöpfung der Atem Gottes ist, sind auch die Seelen der Atem Gottes. Entsprechend der Vorstellung der Yogis gibt es EINEN Atem und viele Atem. Der EINE Atem, der zentrale Atem, wird von den Yogis Prana genannt. Alle anderen Atem, die ein Teil sind im Mechanismus des menschlichen Körpers, sind geringere Atem. Prana und alle anderen Atem zusammen bilden den EINEN Atem, den wir Leben nennen. Darum sind die Seelen die verschiedenen Atemzüge Gottes, und alle verschiedenen Atemzüge zusammen bilden den EINEN Atem, den göttlichen Atem, der das Leben ist.          *Soul / 54*

ICH STAMME aus einem vollkommenen Ursprung und bin bestimmt für ein vollkommenes Ziel. Das Licht des vollkommenen Wesens leuchtet in meiner Seele. Ich lebe, bewege mich und habe mein Sein in Gott, und nichts in der Welt aus der Vergangenheit und Gegenwart hat die Macht, mich zu berühren, denn ich erhebe mich über alles. *VI / 48*

Es GIBT nichts auf dieser Welt, das ohne einen Zweck existiert. Obwohl unser Platz im Leben und unsere Arbeit im Plan des ganzen Universums verschieden zu sein scheinen, so können wir doch erkennen, daß in der Endsumme aller Dinge wir alle – wie die niedere Schöpfung und die Engel und Dschinnen (Geister) – ein und dasselbe Ziel haben: das Ziel ist die Verwirklichung der Wahrheit in größerem oder kleinerem Maße – und diese Verwirklichung erleben wir alle als Glückseligkeit.                    *Soul / 50*

ENTSPRECHEND SEINER Entwicklung weiß der Mensch von der Wahrheit, und je mehr er weiß, desto mehr findet er noch zu wissen.                    *27. Okt.*

Es KOMMT ein Augenblick – und dieser Augenblick ist jeder Augenblick –, wenn die Dinge sich summieren. Sie kommen zu einem Ende, sie bestehen nicht länger. Je weiter wir gehen, desto mehr Dinge gelangen zu einem Ende. Alle unsere Dispute und Argumente über Unterscheidungen und Verschiedenheiten, über gut und böse, hoch und nieder verblassen. Sie verblassen so sehr, daß keine Farbe in ihnen mehr übrig bleibt. Dann erscheint das weiße Licht, das Licht Gottes. Es ist diese Erkenntnis, die Buddha Nirvana nennt – das bedeutet: keine Farbe. Was ist Farbe? Was ist grün, was ist blau, was ist hoch und was nieder, was ist besser und was schlechter, was ist recht oder unrecht, Sünde oder Tugend? Alles sind Farben. Für unsere gewöhnlichen Sinne werden alle Farben zu einer Wirklichkeit, zu Besitz, aber im Bereich der Wahrheit verblassen sie, haben sie keine Existenz.                                    *Soul / 86*

113

Ich suchte Dich, doch konnte ich Dich nicht finden. Ich rief laut nach Dir vom Minarett. Ich läutete die Tempelglocke beim Aufgang und Untergang der Sonne, ich badete vergebens im Ganges, enttäuscht kam ich von der Kaaba zurück.

Ich schaute mich um auf der Erde, ich suchte nach Dir im Himmel, mein Geliebter, aber zuletzt habe ich Dich gefunden als verborgene Perle in der Muschel meines Herzens. *541*

# STIRB UND WERDE

*Leben ist Wirklichkeit,*
*der Tod ist sein Schatten;*
*aber wie der Schatten sichtbar ist*
*und doch nicht ist,*
*so verhält es sich auch mit dem Tod.*
*1364*

ICH ERINNERE, wie ich für Stunden traurig war, als ich in meiner frühen Kindheit zuerst etwas über den Tod erfuhr. Ich dachte darüber nach, daß mein Körper eines Tages im Grab sein würde, daß ich fort müßte von allen Dingen, die mich interessierten, daß ich niemanden sehen würde, noch jemand mich sehen könnte, daß alle, die ich liebte, von mir getrennt wären. Diese frühe Erfahrung sagte mir, was andere bei dem Gedanken an ihren Tod fühlen müssen. Es ist geradeso, als ob wir aus einem sehr interessanten Traum aufwachen und uns bewußt werden, daß es ein Traum war. Dann möchten wir unsere Augen schließen, um die freudige Erfahrung zu wiederholen. Das gleiche geschieht mit allen, die so fasziniert sind vom Traum des Lebens, daß der Gedanke an den Tod für sie grauenhaft ist.

*V/123*

WIR LIEBEN unseren Körper und identifizieren uns so sehr damit, daß der Gedanke an den Tod uns sehr unglücklich werden läßt. Niemand denkt gern an seinen Tod. Aber die Seele ist unser wahres Selbst. Sie existierte vor unserer Geburt und wird nach unserem Tod existieren. Was die Vorstellung vom ›Ich‹ als einer lebenden Wesenheit festhält, ist nicht der Körper, sondern die vom Körper irregeführte Seele. Die Seele denkt, daß sie der Körper sei; sie denkt, daß sie geht, sitzt, liegt, wenn der Körper es tut, aber in Wirklichkeit tut sie nichts davon. Ein leichtes Unwohlsein des Körpers läßt sie denken, ›ich bin krank‹. Ein kleiner Angriff macht sie niedergeschlagen. Das geringste Lob läßt sie sich im Himmel fühlen. Der materielle Körper täuscht die Seele so sehr, daß sie denkt, ›ich kann nur von materieller Nahrung leben, ich kann nur auf der Erde stehen, mich nur an einer materiellen Umgebung erfreuen. Ohne dies alles bin ich nirgends und nichts‹.                                  V/41

DER TOD ist die große Prüfung, zu der der eine vorbereitet, der andere unvorbereitet geht; der eine mit Vertrauen, der andere mit Furcht. Wie sehr jemand auch vorgeben mag, spirituell oder tapfer im Leben zu sein, im Angesicht des Todes wird er geprüft, und jeder falsche Anspruch wird offenbar.

Ein alter Mann weinte und jammerte immer: »Ich bin so unglücklich, mein Leben ist so schwer, jeden Tag Mühe und Arbeit. Es wäre besser, wenn ich tot wäre.« Jeden Tag jammerte er auf diese Art und rief nach dem Tod. Eines Tages erschien der Todesengel und sagte zu ihm: »Du hast so oft nach mir gerufen. Jetzt bin ich gekommen, um dich mitzunehmen.« Doch der alte Mann rief aus: »Noch nicht! Ich bin zwar ein alter Mann, aber ich bitte dich, gewähre mir noch einige Tage mehr zu leben!« Doch der Todesengel entgegnete: »Nein, du hast so oft gebeten, sterben zu dürfen. Jetzt mußt du mit mir zu Allah kommen«, und trug ihn davon.                    *V / 44*

DIE BEZIEHUNG zwischen dem Körper und der Seele gleicht der Neigung des Menschen zu seiner Kleidung. Es ist die Pflicht des Menschen, seine Kleidung in guter Ordnung zu halten, denn er braucht sie, um in der Welt leben zu können. Aber es ist Unwissenheit, große Unwissenheit, wenn der Mensch sich selbst vergißt und denkt, er sei seine Kleidung. Doch das tut er im allgemeinen. Wie wenige können aufhören entweder zu denken: »Dieser Körper bin ich selbst«, oder: »Mein Selbst ist getrennt von diesem Körper – größer, kostbarer und langlebiger als dieser Körper.«

Was ist dann Sterblichkeit? – Es gibt keine Sterblichkeit außer in der Illusion, die der Mensch sein Leben lang als Angst festhält und als Eindruck, nachdem er diese Erde verlassen hat.

»Alle Seelen kommen von Gott, und zu IHM kehren sie zurück.« (Koran)                    *Soul / 135*

UNWISSENHEIT ÜBER das Selbst verursacht die Angst vor dem Tod. Je mehr wir über das Selbst lernen, desto geringer wird die Angst vor dem Tod; denn wir sehen dann nur noch ein Tor, das wir von einer Phase des Lebens in eine andere passieren – und die andere Phase ist viel besser. Je spiritueller wir leben, desto geringer wird die Angst vor dem Tod. Je mehr wir in unserer Seele leben, desto geringer wird die Verhaftung an den Körper. Der Körper fürchtet sich entsprechend dem Bewußtsein, das er von sich hat. Der Mensch ist im Denken nicht nur von seinem Bewußtsein abhängig, sondern jedes Atom seines Körpers ist in gewissem Maße bewußt und schützt so sich selbst. *Soul / 186*

EIN LEICHTES Mädchen beobachtete einst von ihrem Fenster aus zwei Leichenzüge und sagte zu ihrem Liebhaber: »Ich bin sicher, daß die Seele des ersten im Himmel ist und die Seele des zweiten in der Hölle.« Doch er erwiderte ihr: »Wie kannst du, ein leichtfertiges Mädchen, vorgeben, solche Dinge zu wissen, die nur ein Heiliger wissen kann!« Darauf erwiderte sie: »Ich weiß es aus der einfachen Tatsache, daß alle Leute, die dem ersten Sarg folgten, traurige Gesichter und Tränen in den Augen hatten, während diejenigen, die dem zweiten Sarg folgten, trockene Augen und fröhliche Gesichter hatten. Das beweist, daß der erstere liebevoll war und die Zuneigung vieler gewinnen konnte, darum darf er sicherlich in den Himmel kommen. Der andere kann niemanden geliebt haben, denn niemand trauerte über seinen Tod.« *V/158*

MANCHE SAGEN, daß die Seele nach dem Tod des physischen Körpers im Himmel oder in der Hölle sei, aber das ist nicht wahr. Die Seele ist etwas viel Größeres. Wie kann etwas im Feuer verbrannt werden, das selbst Licht ist? – ›Nur‹ – das Licht Gottes. Aber wegen ihrer Verwirrung nimmt sie alle jene Zustände mit sich, durch die das Bewußtsein nach dem Tod hindurchgehen muß.

Ein Bewußtsein, das mehr mit irdischen Sorgen und Bindungen beschäftigt ist, kann die Seele nicht dem Licht überlassen. Wenn du einen Ballon aufsteigen läßt, wird er hoch hinauffliegen, aber nach einiger Zeit sinkt er wieder. Er steigt wegen der Luft, die er enthält, er sinkt wegen seiner irdischen Substanzen. Die Seele hat das Verlangen, zu den höchsten Sphären aufzusteigen, zu denen sie gehört. Das ist ihr Wesen. Doch die irdische Substanz, die sie angezogen hat, bringt sie wieder herab zur Erde. Ein Drachen steigt auf, aber die Schnur in der Hand des Menschen bringt ihn zurück zur Erde. Die irdischen Bindungen sind die Schnur, die die Seele zurückziehen. Wir sehen, wie der Rauch aufsteigt und auf seinem Weg alle irdische Substanz zurückläßt, ehe er sich mit dem Äther vermischt. Ebenso kann die Seele sich nicht aus den niederen Regionen erheben, ehe sie sich nicht von allen irdischen Wünschen und Bindungen freigemacht hat.                    *V/43*

KEIN GESCHÖPF, das jemals auf Erden geboren wurde, wie schlecht oder verworfen es auch zu sein scheint, wird von geistiger Glückseligkeit ausgeschlossen werden. Es ist nur eine Frage der Zeit; es gibt einen Unterschied in dem Prozeß, ehe man die Glückseligkeit erreicht. So wie die Menschen auf ihren verschiedenen Ebenen der Entwicklung – wie schlecht oder elend sie auch sein mögen – einen Augenblick erleben werden, in dem sie jene Glückseligkeit erlangen werden, so haben auch Tiere, Vögel und Insekten alle den Augenblick der Erfüllung ihrer Existenz. *Soul / 50*

WAS IST die Rückkehr? Wohin kehren wir zurück? Wann kehren wir zurück? – Die Rückkehr beginnt zu der Zeit, wenn die Blume zu ihrer vollen Blüte gelangt ist, zu der Zeit, wenn das Ziel, die Aufgabe, für die die Seele auf Erden geboren wurde, erfüllt ist. Dann gibt es nichts mehr zu halten, und die Seele zieht sich natürlich zurück, so wie der Atem ausgeatmet wird. Aber stirbt der Mensch, wenn er ausatmet? – Nein. So stirbt auch die Seele nicht, wenn sie sich zurückzieht, obwohl es scheinbar für den sterbenden Menschen und für diejenigen, die bei ihm wachen, den Eindruck des Todes macht. *Soul/135*

STERBEN IST nichts anderes als das Umwenden einer Seite im Buche des Lebens. In den Augen der anderen ist es der Tod; für die aber, die sterben, ist es das Leben. *1364*

JEMAND KAM mit einer Frage zu einem Sufi. Er sagte: »Seit vielen, vielen Jahren sinne ich darüber nach und lese verschiedene Bücher, und doch war ich nicht imstande, eine sichere Antwort zu finden. Sag mir, was geschieht nach dem Tode?«

Der Sufi erwiderte: »Frage dies bitte jemanden, der sterben wird. Ich habe die Absicht zu leben.«

*Tales / 14*

Zuerst glaubte ich ohne einen Zweifel an die Existenz der Seele, dann wollte ich das Geheimnis ihrer Natur wissen. Beharrlich fuhr ich fort, nach ihr zu suchen und fand schließlich, daß ich selbst die Hülle über meiner Seele war. Es wurde mir bewußt, daß dasjenige in mir, das glaubte, das wissen wollte, das suchte, das fand und das, was schließlich gefunden wurde, nichts anderes als meine Seele war. Ich dankte der Dunkelheit, die mich zum Licht brachte; ich schätzte den Schleier, der mich für die Vision vorbereitete, in der ich mein Selbst reflektiert sah – die Vision, die im Spiegel meiner Seele erscheint. Seitdem habe ich alle Seelen als meine Seele erblickt, und ich wurde gewahr, daß meine Seele die Seele aller ist. Was für eine Erregung war es, als ich erkannte, daß ich allein war, wenn irgend jemand war; daß ich bin, was immer und wer immer existiert; und daß ich sein werde, wer immer in Zukunft sein wird. Und es gab kein Ende für mein Glück und meine Freude.

Wahrlich, ich bin der Samen und die Wurzel und die Frucht an diesem Baum des Lebens. *V/137*

# NACHWEIS DER TEXTE

Folgende Werke wurden für diese Anthologie verwendet:

Hazrat Inayat Khan, »The Sufi Message«, 13 Bände, Servire Verlag, Katwijk, Niederlande.
   Die römische Ziffer nach den Texten gibt den Band, die arabische die Seitenzahl an.

»The Complete Sayings of Hazrat Inayat Khan«, Sufi Order Publications, New Lebanon, N.Y., 1978.
   Arabische Ziffern oder Daten geben die Numerierung aus diesem Werk an.

Hazrat Inayat Khan, »The Soul Whence and Whither«, East-West Publication, Middlesex, GB, 1984.
   Texte aus diesem Werk sind mit »Soul/Seitenzahl« bezeichnet.

Hazrat Inayat Khan, »Tales«, Sufi Order Publications, New Lebanon, N.Y., 1980.
   Texte aus diesem Werk sind mit »Tales/Seitenzahl« bezeichnet.

E. de Jong-Keesing, »Inayat Khan – a Biography«, East-West Publications Fonds, Den Haag, 1974.

S. van Stolk, Daphne Dunlop, »Inayat Khan und seine Botschaft von Liebe, Harmonie und Schönheit«, East-West Publications Fonds, Den Haag 1972.

Musharaff Moulamia Khan, »Pages in the Life of a Sufi«, Sufi Publishing Co., London, 1971.

»SIFAT« – Sufi-Zeitschrift.

*TEXTE ZUM NACHDENKEN*

Hazrat Inayat Khan

## VOM GLÜCK DER HARMONIE

Ausgewählt, übersetzt und eingeleitet
von Karima Sen Gupta

**Band 724, 128 Seiten, 4. Auflage**

Hazrat Inayat Khan (1882–1927), indischer Mystiker
und Musiker, Meister der Vina, hat seine geistigen Wurzeln in der islamischen Mystik der Sufis. Seine spirituelle Lehre hat etwas vom einfachen und auf mehreren
Ebenen schwingenden Klang der Vina. Wie seine Vina
versuchte er die Menschen zu stimmen, denn „wenn die
Seele auf Gott gestimmt ist, wird ihr jedes Tun zu Musik". Auf alle, die ihm in Ost und West begegneten, hat
Inayat Khan einen unauslöschlichen Eindruck gemacht.
Er verkündet die innere Einheit aller Wesen in ihrer Ver-
bundenheit mit Gott, dem wir nur dienen, den wir nur
dann wahrhaft anbeten, wenn wir ihn in jedem Mitge-
schöpf erkennen und verehren. Darauf beruht das Geheimnis der Schönheit der Welt und der Harmonie der
Seele.

HERDERBÜCHEREI